海峡出版发行集团 | 福建教育出版社　　　　　梦山书系

智慧·教法·感悟

——中语名师课堂教学集锦(6)

陶继新　主编

目　录

序 ………………………………………………………… 陶继新 1

课堂实录
　《边城》课堂教学实录 …………………………………… 黄玉峰 1

听课回响
　《边城》的寸关尺三脉 ………………………… 山东　乔海坤　张　枫 24
　精彩宜与高效行，阅读当与思辨伴 ……………………… 广西　杨丽娜 26

课堂实录
　《走进苏轼》课堂教学实录 ……………………………… 梁晓静 29

听课回响
　有效整合的语文诗词整合课 …………………………… 天津　王敏勤 39
　法与学共存，情与理交融 ……………………………… 山东　周金荣 43

课堂实录
　《饮酒·其五》课堂教学实录 …………………………… 赵谦翔 47

听课回响

　　小篇章，大智慧 ………………………………………… 安徽　金　琼 69

　　咬文嚼字求真意　诗意人生大道存 …………………… 河北　刘海英 71

课堂实录

　　《〈红楼梦〉导读》课堂教学实录 ……………………………… 董一菲 75

听课回响

　　儒雅名师，信手拈来 …………………………………… 广西　陆海丽 96

　　诗意课堂，真水无香 …………………………………… 安徽　孔　侠 98

课堂实录

　　《在孙权的朋友圈学习有效沟通》课堂教学实录 ……………… 王　君 101

听课回响

　　旁征博引，让文化渗透这般从容 ……………………… 陕西　房卫华 115

　　见自我，见天地，见众生 ……………………………… 山东　刘东海 118

课堂实录

　　《"飞天"凌空》课堂教学实录 …………………………………… 余映潮 121

听课回响

　　一堂朴实厚实的语文课 ………………………………… 云南　王志芬 130

　　于无声处听惊雷，于无色处见繁花 …………………… 山东　曲艳妮 134

课堂实录

　　《任务情境·答问》课堂教学实录 ……………………………… 唐江澎 137

听课回响

口语交际实践课中问题设计的原则刍议 …………… 江苏　丛冬兵 148

一堂任务教学的经典课 ……………………………… 江苏　袁晗毅 152

课堂实录

《议论文写作指导课：论点的展开》课堂教学实录 …………… 史建筑 158

听课回响

缘理披文质彬彬，援事析理育新人 ………………… 福建　张传忠 168

冲出"固有"思维，寻求别样"底色" ……………… 山东　张　枫 170

课堂实录

《爱莲说》课堂教学实录 ……………………………………… 程　翔 175

听课回响

本真情怀，本色语文 ………………………………… 河北　王晓娥 189

最后的坚守，最后的精彩 …………………………… 福建　薛小奎 192

序

  这本书是"第十届名家人文教育高端论坛暨名师课堂研讨会"(中学)主体内容的结晶,也是应广大与会人员的要求结集成书的。

  人文教育是将人文精神,通过教育活动、环境熏陶等方式和途径,内化为人的品格因素,实现对人的精神世界全面塑造的教育。它是塑造健康人格、提升人生境界与达成人生理想以及实现个人社会价值途径等方面的教育,目标是人的精神素养。正是基于这样一种思考,连续10年,我们举办了"名家人文教育高端论坛暨名师课堂研讨会"。

  当下语文教学人文性存在问题是毋庸置疑的,课堂上教师与学生的状态不佳,课堂教学的量与质存在问题,精神品质很难有效地形成。本来,语文应当是教师最爱教与学生最爱学的学科,可事实却恰恰相反。语文教师是需要高品位的文化支持的,没有对经典文本的大量阅读甚至背诵，就不可能形成属于自己的优质语系。可是，现在的一些语文老师，平时很少读书，特别是很少阅读与背诵经典；教学参考书成了他们的必备之书，甚至成了教学的唯一依靠。结果，教起来没有自己的语言，没有自己的思想，更没有生命激情，只是成了教学参考书的传声筒。这样的教师，并不是说备课不认真，可是，由于没有文化积淀，只是鹦鹉学舌，当然就没有了人文的色彩。更重要的是，教学若干年后，甚至连在大学里学到的一些文化也丢掉了。于是，上课没有快乐，也不精彩，而是一种应付，甚至是一种痛苦。其实，更苦的是学生，他们不喜欢老师的课，可又要在教室里正襟危坐，迫不得已地听下去，而且从小学入学到高中毕业，整整十二年。于是，学习语文就成了一场又一场心力交瘁的苦役，非但无法形成真正意义上的语文品质，甚至连心理也很难健康起来。

教师如何才能教得精彩？如何才能乐在其中？关键不是备课备到深更半夜，也不是将教参书背得滚瓜烂熟，而是用爱心与已有的文化积累，激活每一次教学。备课要备学生，这是一个不争的事实。可是，为什么在"名家人文教育高端论坛暨名师课堂研讨会"上执教的一些名师，此前并不认识当时所教的学生，课上得依然精彩纷呈？其实，备学生并不只是认识了每一个学生，知道各个同学的名字，对他们的性格清清楚楚，它还有一个极其重要的元素，那就是真正了知学生生命的潜能，以及深埋在他们心中的对语文学习的无限渴望，特别是如何开发这种潜能并满足学生的这种渴望，从而让课堂成为师生生命交互的快乐场。教师如果对这些问题一无所知，那么"备学生"只是一种表层的备课，根本没有抵达备课的高层境界，甚至有可能备得越认真，越是教不好。"名家人文教育高端论坛暨名师课堂研讨会"的一些名师则不然，他们用自己的智慧，很快激活了学生求知与乐学的内在需求，让他们感到学习语文原来还可以如此富有情趣，自己竟然还有如此之大的潜力。看来，不是学生不行，而是教师没有认识到学生的内在能量。当然，如果自己没有足够的文化储备与智慧能量，即使认识到了，也不可能触摸到学生那根敏感的生命琴弦。其实，教师自身的教育观念与文化积淀，才是激活学生生命的本质所在，才是学生课堂学习高质多量且又快乐的源泉。

"名家人文教育高端论坛暨名师课堂研讨会"一些名师的课堂教学，不只是当场激活了学生的思维，还激活其他一些重要的生命因子。因为所有技巧的背后，都有一种深厚文化与大爱之心和谐而成的"道"的力量在活动。当然，这种"道"也并不是一直处于隐蔽状态，有时也显见于课堂教学的场景中。他们在课堂上的"见机行事"，以及处理突发事件的能力，往往是点燃课堂教学之火最美妙的"瞬间"，这个瞬间让学生以及听课的老师感到妙不可言，让听课者不禁惊叹其超越常人的智慧，以及学生智力超常发挥的不可思议。而这本书中的一些"课堂实录"则生动地还原了这种精彩，从而让更多听过他们课的教师重温其中的生动场景，让未曾听过他们课的老师也能深入其中，品味其中的奥妙。然后，进行自我反思，再考虑如何"学而时习之"，从而让自己的教学"起死回生"，并焕发出生机来。

这本书收录了9位名师的课堂实录，他们的课堂教学风格不同，水平不一。然而，正是这种"起伏"与"节奏"，才有了"横看成岭侧成峰，远近高低各不同"的妙道。这样，读者在阅读研讨的时候，才能各取所需"化而裁之""变而化之"地形成自己的东西。

正是基于这种思考，在本书编排的时候，没有根据讲课教师知名度的大小排序，而是依据"第十届名家人文教育高端论坛暨名师课堂研讨会"（中学）讲课先后的顺序编排。先是授课名师的课堂教学实录，后面附以两篇当时听课老师所写的体会文章，称之为"听课回响"。这些文字，也许更真实，更受读者欢迎。我深信基层教师是最有发言权的，也相信他们"听课回响"的文章一定有着不小的价值。

从2009年到2018年，"名家人文教育高端论坛暨名师课堂研讨会"已经办了十届，而且人气越来越旺，以至到了"人满为患"的地步。所以，万分感谢历届为我们会议上课的语文界的名师，也感谢众多参会的语文教师、校长和科研人员，以及支持他们学习的教育行政部门的领导。是他们让会议有了品质，有了影响，有了更好的发展前景。在此，作为主持举办这一会议的我来说，真诚地向你们说一声："谢谢！"

作为"第十届名家人文教育高端论坛暨名师课堂研讨会"主办单位的中国教育报刊社人民教育家研究院，在全国享有很高的威望，其主办的意义之大是可想而知的；作为协办单位的福建教育出版社有限责任公司、河北省衡水市冀州区信都学校、湖南长沙诺贝尔摇篮教育集团、齐鲁书社对会议给予了大力的支持，让会议拥有了更加丰富的精神食粮；作为承办单位的北京凤凰师轩文化发展有限公司和北京中教鸿兴文化传播有限责任公司，为办好会议作出了很大的努力，显现了高端会议的品质；而媒体支持单位《教师博览》杂志社也一一送来精神佳品。这不由得让我想起了《周易》中的一句话："二人同心，其利断金；同心之言，其臭如兰。"会议的成功，是一种合力的结果，也是一份共赢的事业。这本书的出版，则记载了这种合作共赢的美好。在此，一并表示深深的谢意。

2019年下半年，又要举办"第十一届名家人文教育高端论坛暨名师课堂研讨会（中学）"，这本书将作为这次会议的会议材料赠送给每位代表，希望大家能够喜欢并学有所得。同时，同样要有新的"课堂实录"与"听课回响"结集出书，我们期待这一成果的结晶能有"更上一层楼"的品质。

这本书得以出版，福建教育出版社功不可没。作为在全国很有影响的教育类出版社，多年来一直是"名家人文教育高端论坛暨名师课堂研讨会"坚强有力的支持者。在市场经济大潮的冲击中，他们也不可能不关注出版的经济效益，可是，他们更注重社会的效益，这令我很是感动。不管是社长还是编辑部主任，以及我所接触过的编辑，他们身上散发出来的，更多的是社会担当的精神、"以文会友"的真诚以及视读者需求为生命的服务意识。这让我对他们深表感激的同时，也自然而然地对他们有了一份敬意。我在福建教育出版社出过十几本著作，留存下来的，不只是文本成果，还有真挚的感情与丰盈的精神。而这本书尽管不是我的著作，我只是主编，可是，它依然为我与出版社之间架起了生命融通的桥梁。

写到此，我突然觉得，当感恩在我心里回旋的时候，我也就幸福起来了。

陶继新

2018 年 12 月 30 日于济南

·课堂实录·

《边城》课堂教学实录

执教：黄玉峰

师：好！同学们，我们开始上课。

（生坐姿端正）

师：非常感谢大家来听我的课，跟我合作。

（生认真聆听）

师：不过，今天有一个小小的遗憾，带《边城》这本书的有几个人？

（举手者寥寥无几）

师：在读小说的时候应该讲到什么地方，我就要点到什么地方，第几页，大家来看看《边城》，没有带的话我们讲解就稍微难了一点。本来我是准备讲朦胧诗的，从李商隐的朦胧诗讲到当代顾城等人的朦胧诗。不过，我考虑朦胧诗的问题太尖锐了，这样公开课形式不太适合讲，所以我们来谈谈《边城》。

（生聚精会神）

师：为什么要讲《边城》呢？我们现在提倡两件事情，一是文化行走，二是整本书阅读。我们现在教学最大的问题是什么，大家知道吗？

（生摇头）

师：我们的课本其实是杂志，我们一直在读杂志，从来没有读过整本书。老师没有教你读整本书，老师在教你读杂志。杂志就是某些人编的，有的编得很糟糕，把各种各样的凑起来，就是爱情专题，就是爱国专题，就是生命专题，就是民主专题，就是把这种专题凑起来塞给你们，而你们没有读整本书。一个人如果没有读过整本书，那是多么的可怜，在我们中国古代，读书人至少要读四本书打底，而我们不要说"四书"，有的同学连一本现代的一般的书都没有读过，我觉得很可怜，所以我想和大家谈谈整本书阅读，这是我的初衷。当然还有教育部提出的"行走"。我现在带着初中生经常去行走，一年要行走四次，每次回来，一个年级160人，可以写两千首诗，而且都是古诗。一个是行走，一个是整本书阅读，如果这两件事做好，我们的语文水平会真正的提高。而现在我们的问题都是在刷题，所以你们连书也没带，我觉得很遗憾。

（生惭愧地低下了头）

师：我叫你们提问题，只有九个人提了问题，有三个问题比较好，其他的问题都不大行，说明都没有很好地阅读。第一个问题：作者用了大量的笔墨描述老船夫进城买东西，描述买卖对方互相推让的情景，这是为什么？这是哪位同学提的？请举手。

（生没有举手的）

师：哪个同学提的？你们随便一点，哪个同学提的，自己提的还不知道？我带来书，送给提问题的。

（生沉默）

师：没有人写吗？站起来，大家都站起来。大家对着我笑一笑，放松一点，不放松怎么上课呢？

（生都笑了）

师：好，请坐。你（第一排一名同学）今年几岁啊？

生：我刚满16。

师：我今年满73岁，等于是我孙女这样的一辈，是不是？那么我们就像祖孙，就像《边城》里面的祖孙是不是？

（生不约而同地笑了）

师：好，哪位同学写的？

（没有人回答）

师：为什么爷爷进城里去的时候，买东西，互相推让？虽然找到了一个很小的细节，但是这个问题很严重，不知道谁问的。

（生沉默）

师：第二个问题就是，老船夫是否是真正的悲剧人物？她女儿殉情，是不是害怕他孙女的命运也将改变？老船夫便一次次的哀求顺顺，不料最后反被误解，最后只得一死，希望能够改变这个命运？这个是谁写的？

（一个学生举手）

师：你叫什么名字？

生：王晓丫。

师：好。第三个问题：走马路和走车路两种婚俗的冲突，这种文化差异，是否是造成翠翠爱情悲剧的主要原因？哪个同学写的？

（一个学生举手）

师：还是你写的，好，我三本书全部送给你。

（观众一片掌声）

师：不但是三本书，而且我还写了一幅字。（场下掌声）我们学校的口号：人生教育，君子养成。边上题了郑板桥的诗——"咬定青山不放松，立根原在破岩中。千磨万击还坚劲，任尔东西南北风。"送给你。

（掌声，受奖同学鞠躬致谢）

师：《边城》这样的上法，还是第一次。在我们学校六年级的预备班我上了一次，43个人，每个人都提了问题而且提得非常好，我不是说你们怎么样，但他们43个问题的质量都和这个王同学的质量差不多，非常有水平。他们读了一遍不够，读两遍，读两遍以后读三遍，后来提出来的问题，基本上让我很吃惊，居然能够提出这样的问题来，让我很好的思考，所以提问题是非常重要的。因为书是自己读的，不能光听老师讲，老师讲的话不过是启发你，最重要的是自己体会，而且个人有个人的体会。现在我们就开始讲《边城》。

（生坐姿端正，聚精会神）

师：今天的题目是《我们从边城中读出了什么》，每个人读出来的都不一样，我们从《边城》中读出了什么？

（生认真聆听）

师：在谈这个问题之前，我先讲讲《边城》的作者，原名沈岳焕，改名叫沈从文，意思是我要从文了。他在一生中写了80多部短篇和中篇，1948年的时候他还要写下去，他对妻子和儿子许诺我还要再写20部，那就是100部。1988年，在诺贝尔奖的讨论会上，评委一致通过提名他得1988年的诺贝尔文学奖，最后要核实一下这个人现在在哪里，调查员到中国来，但很可惜，在两个月以前沈从文去世了，诺贝尔奖是不给去世的人的，很可惜。

（生认真聆听）

师：为了了解这个人，我曾经问过一个老先生对沈从文的看法，（出示图片）这个人大家认识吧？

（生点头）

师：这位老先生去世不久。他是很有名的经济学家，他叫周有光，我们每个人用的汉语拼音就是他参与研究的。我去拜访他，谈到了很多问题，其中就谈到了沈从文，他非常友好地说他和沈从文是连襟，说了很多关于沈从文的故事，并且很自豪地说沈从文真是中国最有才华的一个作家，他应该得到诺贝尔文学奖。那么这样有名望的作家，到了1948年的年底，突然不写了，封笔。突然发疯了，再也不写了，把所有东西都撕掉了。清醒以后，他写了一段话，一段独白。他清醒了以后要和谁谈？你们知道是谁吗？

生：和他自己的文章。

师：文章里的谁？

生：文章中内心的自己。

师：你已经讲的很不错了。我来读一段话："夜，静得离奇，端午节快到了，家乡中一定还有龙船下河，翠翠，翠翠，你是在一间104小房间里酣睡吗？还是在杜鹃声中想起了我？在我死去以后想起了我。翠翠，三三，难道我又疯狂了吗？"为什么这样的大作家，又是文武双全的人，突然崩溃了？

（生摇头）

师：因为在这前不久，有一个人写了一篇文章，他说沈从文是"桃红色作家"，"存心不良，意在蛊惑读者，软化人民斗争情绪"，"有意识地作为反动派而活着"。沈从文有个弟弟，他们两个人爱上了同一个女孩子，结果这个女孩子恰恰是爱上了他的弟弟，和他弟弟成亲了，和那个《边城》里面的正好相反，《边城》里面是爱上弟弟，哥哥后来在下河时意外去世。而沈从文的弟弟是个军人，长得非常的帅气，在战争中失去了生命。你想一个哥哥得到弟弟去世的消息以后将是怎样的？同时在1949年初，北京大学校园内又打出了"打倒沈从文"的标语。当时沈从文还写道："人近中年，情绪凝固，又或因性情内向，缺少社交适应能力，用笔方式，二十年三十年统统由一个'思'字出发，此时却必须用'信'字起步，或不容易扭转，过不多久，即未被搁笔，亦终得把笔搁下。这是我们一代若干人的必然结果。"1949年，沈从文搁笔。那么他去干什么了呢？

（生听得津津有味）

师：他成了一个非常了不起的古物研究专家，比现在所谓的古董专家不知道高明多少，他就到了中国的一个艺术博物馆里面，担任讲解员。这里面有好多的故事，其中一个便是他培养了一个了不起的讲解员，很可惜但他没有资格带研究生。尼克松到中国来的时候，就获赠了一部沈从文编的《中国古代服饰研究》。沈从文写了很多的历史，包括杯的历史、瓷的历史等，除此之外还有很多他都要写，但是他来不及写了，没有助手，没有人帮他，一个人无法完成。这就是我们需要了解的沈从文这个人以及他的事。只有了解了这些以后，我们才读得懂这篇文章，否则我们等于说梦。

（生已经完全融入了课堂）

师：现在，我要请同学起来，哪个同学叙述一下，《边城》讲了几个故事？或者你用简洁的语言介绍《边城》。哪位同学来回答一下？

生：（举手）翠翠跟爷爷生活，翠翠看上了老二，但是爷爷以为翠翠看上了老大，就想促使他们成亲，但是后来老大死了，老二也就走了。翠翠的爷爷也死了，留下了翠翠一个人。

师：讲了一个故事，就是关于翠翠的爱情故事。爱情没有达到满足，在一个暴风雨的夜晚，爷爷也去世了。除了这个故事，还有什么故事呢？

生：（举手）和她一样。

师：至少这篇文章讲了两个故事。一个是翠翠她妈妈的故事，对不对？这是一条暗线。翠翠的妈妈爱上了一个会唱歌的军人，但是后来因为未婚先孕，他们要逃掉。但是翠翠的妈妈不肯逃，结果军人就自杀了。为了捍卫自己的尊严，她的妈妈也想自杀，但她为什么不自杀呢？因为她肚子里有了孩子，一个为了荣誉自杀，一个为了孩子不自杀。最后在翠翠生出以后，妈妈喝了很多冷水，也死了。这是个凄美的故事。

（生佩服的眼光看着老师）

师：两个故事，一个是翠翠妈妈的爱情故事，一个是翠翠的爱情故事。当然还有很多故事，它反映出《边城》里面的爷爷怎么样对他的孙女，然后他去世的整个过程。还有很多由爱情故事衍生出来的人与自然的关系。

下面，我们就先了解这两个故事，我们首先看看这个人（出示图片），这就是沈从文的年轻时代，明星一样的，非常帅气。

师：我们先看一下小说的开头与结尾。（出示片段）非常的简洁，就这样娓娓道来。现在问同学们，小说里面最打动你的是什么？希望大家配合我。

（生举手）

师：小王同学。

生：谢谢老师。打动我的是，小说的最后一段话——这个人也许永远不回来，也许"明天"回来。

师：是的，所有读过《边城》的人都记得这句话。作者为什么要把这句话放在最后？这里面包含着作者多少的思想？包含着多少的遗憾？等一下我们再讲。其他同学说一说，哪个情节最打动你？

生：就是她爷爷去买菜，不要钱。

师：就是爷爷去买菜，人家不要钱，爷爷非要给人家，还跟人家吵起来，你怎么不讲道理？爷爷的道理是什么道理？就是爷爷买了东西就要给人家钱。这种情况多不多？我们一起来看。

生：（举手）就是在别人渡船的时候，人家给钱，爷爷让孙女拦住他，不让人家给钱。

师：孩子们，这叫什么？这叫一个地方的民风啊。关于民风方面的还有什么？

生：在爷爷和翠翠遇到大雨时，邻居们都叫他们回家喝一杯。

师：请坐。当地人很好客。当爷爷和翠翠回家，走一会儿喝一口，遇到顺顺，顺顺把爷爷的酒壶拿过来了，说你这样到家就喝完了。爷爷和翠翠到家后，翠翠对爷爷说，人家不会要你酒壶的。不一会儿顺顺就送来了，并且打满了酒。顺顺是一个什么人啊？当地最富的人，最有权势的人。爷爷是个什么人啊？爷爷是一个孤苦伶仃的人，一个住在河边的破房子里面，只有一个孙女一条狗的人，一贫如洗的人。但顺顺与爷爷的关系是怎样的呢？

师：非常的亲和，没有隔阂。这说明什么？想到了没有？

（生茫然）

师：《边城》里面的人和人的关系不是斗争的关系，是亲和的关系。像这种亲和的关系在整篇文章中比比皆是，包括，翠翠喜欢老二，老大死后，顺顺是怎么对待这件事的？他起先是怎样对待的？后面又是怎样对待的？起初，他是不舒服的，爷爷来打听时，他总是有点冷淡。但是爷爷死后，爷爷的丧事，都是顺顺操办的，而且还把翠翠领回家去，说你就做我儿媳妇吧。他们之间没有这种对立的关系，没有仇恨。在这种小村庄里没有这种斗争和仇恨。同学们，有关民风的你还能找点什么出来？比如：赛龙舟的时候大家一起去看，开心得不得了等等。那么除了民风还有什么打动你的地方？

生：翠翠和爷爷之间的感情。

师：举个例子。

生：大老死后，爷爷再一次去探消息，回来之后，在打雷的夜晚，爷爷与翠翠的谈话。

师：很好，请坐。我今天要讲的重点除了民风，便有情。刚刚这位同学说了祖孙情，大家看看还有什么情？还有什么？

生：爱情、友情、亲情。

师：还有什么情？

生：我觉得也是兄弟情。

师：你觉得兄弟情哪个情节好？

生：在大老死后，二老迷茫了对翠翠的感情。

师：哪里迷茫了？

生：选择渡船还是选择那磨坊。

师：大老死后，二老非常的痛苦。还有哪位同学说一下？

生：在给翠翠唱情歌时，大老知道唱不过二老，选择下船去了。

师：兄弟情非常感人，他们同时爱上了翠翠，但是怎么办呢？他们选择唱情歌的方式。对于唱情歌，他们采取了怎样的办法？

生：轮流唱。

师：你看得不仔细。还有哪位同学回答？

（生没有回答）

师：二老要帮哥哥唱，大老不干了，要自己唱。但是他知道唱不过二老，他就走了。可见他们之间的兄弟情多么深厚。还有什么情呢？文章处处都有情。

生：描写了当地的风景、当地人情及人与大自然之间的情。

师：非常棒，和大自然的情也就是和天地之间的情。文章里面有很多漂亮的描写都能体会到作者对自然的爱。当然，天地包括物。爷爷和谁的感情特别深呢？和狗的感情。狗狗完全像他家里人。还有和谁的感情呢？和船，比如文章中所说我陪船，你去看戏，爷爷把船也当成了自己的一个亲人，这就是一种天地之情，自然之情。感恩的时候，要感什么？不但要感父母恩，感亲人恩，感朋友恩，还有感天地之恩。天地之恩给了我们生命，给了我们更多东西。除了这个，不要忘记还有乡情。

你们觉得哪个句子最强烈地体现了祖孙情？没有书，不能找。同学们回想一下。

（生举手）

师：很好，谢谢。

生：我找的不是一句话，而是一个片段，就是在城里的作坊里，养马兵和爷爷的谈话，两个人像古代说媒似的，谈论翠翠的婚姻。而爷爷说，这一切还得翠翠自己决定。从这就可以看出祖孙情，因为我们之前学过《孔雀东南飞》，知道了之前的婚姻都是父母包办的，但是在当时的背景下，爷爷这样的思想冲破了当时人们思想上的禁锢。

师：讲得非常好！他谈到了爷爷和养马兵谈的时候他要翠翠自己来做决

定，自己来做主，这在当时是很不容易的。还有刚才讲到的友情。（板书"友情"）讲到养马兵，养马兵是谁啊？养马兵本来是她妈妈的恋人啊！对不对？

（生点头）

师：这是她妈妈的恋人，而很有意思的是爷爷去世之后她妈妈的恋人来担当起对翠翠的保护责任，这部分在文章的最后。书上是这样说的："两个人一再提出来'你不要担心，有我在'，养马兵也对翠翠说，我在，你放心。天保佑你死后往西方去，永远平安。"

师：真正关心翠翠的最后只有养马兵一个人，这就是一种友情，真正的友情。不是因为你的妈妈曾经抛弃过我，我就对你的女儿不好。还有人能够对祖孙情提出看法吗，哪个地方让你感动？

（生举手）

师：好，来，你说。

生：有一段翠翠和爷爷去看月亮，翠翠在岩石上，爷爷对翠翠说："翠翠，莫坐热石头，当心生了板疮。"这说明了爷爷对翠翠是很关心的。

师：一点一滴都很关心，要生疮他都关心到，对吧？

生：对。还有后面翠翠和爷爷说："我万一跑了呢？"爷爷说："你不会离开我的。"这也体现了翠翠和爷爷的感情很深，爷爷不想失去翠翠。

（师生共同看书）

师：好，很好，这一段话大家去找找，很动人的一句话。

（生翻书）

师：（介绍情节）翠翠有一天有了小心思了，说她要跑到桃源去，让爷爷找她，爷爷说一定要拿把刀去杀了她。很多人不理解，为什么爷爷那么爱翠翠却要杀了她？

（生思考）

师：其实这恰恰是从侧面体现了他们两个其实是难分难舍，是不能离开的，她是我的生命，她不能离开。而且，这个是翠翠的想象，就体现了翠翠自己离不开爷爷。

生：（若有所思）点头。

师：我们看到了这个情是有这么多种。其实这篇文章很重要的就是人情，桃花源般的人情和民风，表现得淋漓尽致，不但有亲情、兄弟情、父子情、祖孙情，更有爱情，有乡情，有天地情。这个天地情、陌生人之间的感情都反映了用情之深。

师：鲁迅的《阿Q正传》大家看了吗？

（生摇头）

师：也没看。为什么我课前叫你预习《阿Q正传》啊？鲁迅同样是讲农村，也是写20世纪初的，他的笔下那时代的民风是什么样的？

师：鲁迅的笔下有没有像这样的有灵魂、有感情的人啊？没有一个是《边城》这样的，没有一个有这样的感情的。阿Q里面的小D、赵太爷、假洋鬼子，没有一个人是这样的。他的《故乡》里面也是这样的，杨二嫂、闰土没有一个像这样有感觉的人，为什么啊？

师：一个人看见他想看见的，也要写出他想写出的。沈从文笔下的人就像一朵盛开的莲花，茶峒里面的人都是好人。我们是可以比较一下的吧！

师：这里面还谈到一个很重要的点，一直出现的一个"天"字。（板书）你不要怪谁，要怪怪什么啊？怪天。作者当然也不怨天、天命，所以这篇文章里面谈到一个"命"字。（板书）不能怪二老，也不能怪大老，谁也不能怪。这是命，无法逃脱的命，在这里面，你们再去看的时候，要注意这里面谈到很多关于命的问题。

师：有一句话叫：天地不仁，以万物为刍狗。（板书）什么叫天地不仁啊？皇天无情，皇天无亲，亲是什么啊？亲就是偏私，皇天是没有什么偏私的，它对所有人都一样。天地不仁，天地什么样啊？天地不考虑你的感受，它以万物为刍狗，把所有人都当做刍狗，什么是刍狗啊？就是祭祀烧的草狗，祭祀完了就扔掉了。

（生记笔记）

师：人生就是这样，所以这篇文章是一个悲剧，所以下面一个字就是悲字。（板书）这个悲的原因哪里来的呢？就是我们要读出一点，就是人生无常，这是作品最终告诉我们的。无常是什么意思呢？常就是永远在的东西，无常，不是永远的。作者要告诉我们人生无常啊！

这个时候，沈从文的妈妈去世了，他内心很悲伤，虽然刚刚结婚也是很开心，但是开心和悲伤是连在一起的，再加上他的弟弟又死了等等原因造成他要写这样一部书来表现他对人生的看法。

师：（指黑板）这就是命、悲、常、民、风、情，这些词语，希望大家都要很好地去看而且放在文章里看。现在我把我整理出来的东西给大家看一看。（放课件）

师：还有一个什么东西呢？成长，过去有个电影叫《成长的烦恼》，不可能人长生不老，就是无常了，这个是人生的大悲，原因在什么地方呢？就在于无常，亲情友情也不可能永在，这么美好的东西不可能永远在，这就是悲。鲁迅先生说过一句话非常好：什么叫悲剧，悲剧就是把人生有价值的东西撕碎了给人看。

（生若有所思地点头）

师：作者把翠翠的一家、翠翠的茶峒里面的人写得这么好，但是他们无可避免地要误解，无可避免地要走向死亡。白塔终要倒下来，虽然白塔还可以建起来，但是总是要倒下来的。

师：（巡视）我们再来看看当时的社会，所有人在讲斗争，包括鲁迅，都在讲斗争，都在讲通过斗争建设一个社会，到了1948年再次写《边城》的题记的时候，他提到很重要的一点，社会应该是怎么样的社会好？他希望就像茶峒这样的社会，就像桃花源这样的社会，这样的社会里面的人和事，他希望大家和谐，不要再斗争。这就是他写这部书的社会背景。

我们在这部书中读到的重构，是一个社会的重建，作者认为一个被打碎的社会应该是一个什么样的社会。《边城》这个名字也非常好，它不是在中心地带，它是在边远地带的一个城。他希望将来的社会是这样的，他是有这样的情感，所以他写人成长的必然。我刚才讲成长的必然是死亡，所以本来翠翠是个自然人，像个小野兽一样的自然人，正因为碰到了这么多的事情以后，她成长起来了，她懂事了，她懂得害羞了，她懂得脸红了。她本来不知道这些东西的，现在知道了，而且她知道爱情了，她知道成长了，也知道死亡了，最后她成为了一个社会人。一个人的成长始终是从一个自然人成为一个社会人的转换，《边城》完成了翠翠的成长过程。

（生认真做笔记）

师：我们六年级的小朋友演出了一场《边城》，二十分钟把《边城》整篇都演出来了，非常精彩。我们来播放几个片段看看，看看这种萌芽的爱情，我们特别强调他对这个悲剧的揭示，翠翠的母亲的悲剧。（放课件）

师：我们接下来讲翠翠和她的爷爷。（举例子，讲情节）"过渡的人来了，老船夫放下了竹管，独自跟到船边去，横溪渡人，在岩上的一个，见船开动时，于是喊着：爷爷，爷爷，你听我吹，你唱！"这写得多好啊！这种祖孙关系是种什么祖孙关系啊？"我要坐船下桃源县过洞庭湖，让爷爷满城打锣去叫我，点了灯笼来找我。""人家喊，过渡过渡，老伯伯，你怎么的，不管事！""怎么的！翠翠走了，下桃源县了。""那你怎么办？""怎么办吗？拿把刀，放在包袱里，搭下水船去杀了她！"感情，乡情，说道乡情，爷爷，我决定不去了，要去让船去，我替船陪你！她把船也当做自己的一个感情。

（生认真听讲）

师：《边城》的民风是很有秩序的，安分乐生，虽然他们这么苦，虽然他们的生活是到了底层了，但他们善于满足，这是他们民风所在。诚实勇敢，也爱利，也仗义，把帮助别人当作是自己的职责。他们的生活完全像"竹林七贤"一样。

师：大老和二老的爸爸教育他们，要历练他们，他们明明是少爷，但是下船时甘苦与人相共，与民同乐。他们有剽悍的一面，他们的责任一再出现。爷爷死了这样的话，死的阴影始终笼罩着，但是他们对死也不害怕，觉得很正常，这只是人的另外一种生命。翠翠明白了以后，她就长大了。

（生认真听）

师：我们来比较一下，鲁迅和沈从文笔下的中国乡村，《祝福》和《铸剑》，铸剑就是报仇。鲁迅看见他想看见的，写出他想写出的。为什么沈从文在临死的时候呼唤翠翠的名字？他不是在呼唤翠翠，而是在呼唤一个合理的温馨有情的社会。在桃花源里有贫富没有阶级，茶峒是比较理想的社会，既没有金钱关系，也没有僵化的礼教束缚。所以要记住这样一句话，在理想的社会里，并非没有悲剧，再理想的社会也是有悲剧的。因为人生无常，天地不仁（指黑板），那么我们就要在这种情况下寻找自己的乐趣，寻找自己的观念、自己的价值。虽然总有一天我会离开，但是我们还是会很开心的。为什么？因为我有自己的价值。但是到底什么时候离开，由天命决定，这是没办法的。所以说，人无法拜托命运，你只能长大，从自然人变为社会人，你只能分离。所以，重塑社会的理想与人生悲剧的现实并存，两者并存。你在这两者之间要选择什么？你选择那种丑恶的东西还是美好的东西？选择那些丑陋的人还是桃花源当中的美好的人？

（生若有所思）

师：我们只能珍惜人存在和相遇的时光，命运不能掌握，幸福可以追求，请大家记住这些话。我们教育本身就是为了追求幸福，因为幸福是需要享受幸福的素质的，你不能享受幸福，你钱赚得再多也没用。最后我要用卢梭的话来结束我的这堂课：人是生而自由的，却无往不在枷锁之中。自以为是其他一切的主人的人，反而比其他一切更是奴隶。我们一起来读这段话，这是我写的，来，一、二……

（生齐读）

师：读小说，不仅仅是看情节，更应该通过它认识人，认识一个时代，认识这个世界，看到深的地方去，不断思考，从而提高自己的鉴别力，使自己丰富起来，成为一个真正的有独立之精神、自由之思想的知识分子。

师：这段话的目的是什么？就是希望大家丰富起来，而不是野蛮起来，是更文明起来。好！谢谢大家。

（生鼓掌）

师：大家有什么问题吗？什么问题都可以，和《边城》有关的和《边城》无关的都可以，我们给大家一点时间，也是难得相遇。

生：（举手）我有一个理解不知道对不对，所以就想问一下。因为我觉得小说最后翠翠并没有和二老在一起，我们之前做过一个阅读，老师说的是当失去以后你才会发现这个东西的价值。我想问一下，这篇文章是不是也有一种珍惜的意味在里面？

师：好，大家为他鼓掌啊！

（生鼓掌）

师：人生就是匆匆的见面，这就是宿命，就是人生的无常。还有什么问题？

生：（举手）每个人都要从自然人改变为社会人吗？

师：必然的，这是必须的，每个人都会有成长，你们以后进入大学、进入社会都是要改变的。问题在于我们怎么处理这种改变，怎么保持自己的品性。

生：（举手）想问老师，命运和努力哪个更重要？

师：因为鲁迅先生的文章中的人物是创作出来的，而沈从文文章中的人物是真实存在的，所以两者是不能相提并论的。两个都很重要，命运不是你能安排的，但是在这个过程中，我们是可以努力的，我们是可以享受努力的过程的。好了，下课。

生：老师再见。

师：同学们再见。

附录：

《边城》课堂设计

预习：预先读《边城》《阿Q正传》《社戏》《白毛女》等，观影《芙蓉镇》。梳理情节，思考茶峒和未庄、鲁镇的异同。

上课过程：

一

开场白，感谢各位配合。展示一幅立轴。抄一首郑板桥《竹石》诗。送一套书。营造课堂氛围。

二

设置悬念。展示一张周有光的照片。

1988年，沈从文的材料被放到诺贝尔奖评委的面前。万事俱备，最后一个环节，要确认这位候选人是否还在世。当他们来到中国时，却发现沈从文已经在几个月前去世了。沈从文的连襟周有光说，确实，沈从文是最应该得诺贝尔奖的中国作家。他一生写下80多部长、中、短篇小说。1948年，他还对他的儿子承诺再写20部小说，却突然戛然而止。

北京大学抄了郭沫若《斥反动文人》的大字报全文。

沈从文陷入精神错乱当中，极端的痛苦，他选择自杀。他割脉，喝煤油。在最痛苦的时候，他写了一封信。大家猜一猜这封信是写给谁的？他在信中向两个人——三三和翠翠，做出最后的告白。

"夜静得离奇，端午快要来了，家乡一定是还有龙船下河。翠翠，你是在一零四房间中酣睡，还是在杜鸣声中想起我，在我死去以后还想起我。翠翠、三三，我难道又疯狂了？"

"我在搜寻丧失了的我。"

三

背景交代。

为什么突然有这个变化？

• 1948年香港出版的第一期《抗战文艺丛刊》登载了郭沫若的一篇文章《斥反动文艺》。

• 文章将沈从文定性为"桃红色作家"，认为他是"存心不良，意在蛊惑读者，软化人民斗争情绪"，并说他是"有意识地作为反动派而活着"。郭进一步写道：

"在抗战后期作家们加强团结、争取民主的时候，他又喊出'反对作家从政'；今天人民正'用革命的战争反对反革命的战争'，也正是凤凰毁灭自己，从火中再生的时候，他又装起一个悲天悯人的面孔，谥为'民族自杀的悲剧'，把我们的爱国青年学生斥之为'比醉人酒徒还难招架的冲撞大群中小猴儿心性的十万道童'，而企图在'报纸副刊'上进行其和革命游离的新第三方面，所谓'第四组织'。"

• 同期的《抗战文艺丛刊》还刊登了冯乃超的《略评沈从文的〈熊公馆〉》一文。沈从文与民国第一任总理熊希龄是同乡兼远亲，过去他写过一篇散文《熊公馆》发表在《国闻周刊》上。冯乃超的文章说沈从文称道熊希龄故居的"古朴"和熊"人格的朴素与单纯，悲悯与博大，远见和深思"，是"为地主阶级歌功颂德"，体现了"中国文学的清客文丐传统"。

• 在这种翻天覆地的时刻，这两篇文章，特别是郭沫若的批判文章，对沈从文，无疑是致命打击。1948年12月31日，沈从文在一张条幅上写下"封笔试纸"四个章草字。次年初，北京大学校园内又打出了"打倒沈从文"

的标语。

- 迫于巨大的压力，沈从文一度精神失常，并自杀未遂。其《五月卅下十点北平宿舍》一文写道："我似乎完全孤立于人间，我似乎和一个群的哀乐全隔绝了""我却静止而悲悯的望见一切，自己却无份，凡事无份。"
- 沈从文的几封信：

在给一个青年作者的信中，说"中国行将进入一新时代，……传统写作方式态度，恐都得决心放弃，从新起始来学习从事。人近中年，观念凝固，用笔习惯已不容易扭转，加之误解重重，过不多久即未被迫搁笔，亦终得搁笔。这是我们年龄的人必然结果。"

"人近中年，情绪凝固，又或因性情内向，缺少社交适应能力，用笔方式，二十年三十年统统由一个'思'字出发，此时却必须用'信'字起步，或不容易扭转，过不多久，即未被迫搁笔，亦终得把笔搁下。这是我们一代若干人必然结果。"

四

梳理课文内容。

提问：读了《边城》后，哪一个情节，或者哪一段话最能打动你？为什么？根据学生的提问，总结出几条线索。

（一）情

1. 亲情。

祖孙情

- 代替了天，使他在日头升起时，感到生活的力量，当日头落下时，又不至于思量与日头同时死去的，是那个伴在他身旁的女孩子。
- "爷爷，爷爷，你听我吹，你唱！"
- "人大了就应当守船哩。"
- "人老了才当守船。"
- "人老了应当歇憩！"
- "你爷爷还可以打老虎，人不老！"祖父说着，于是，把膀子弯曲起来，努力使筋肉在局束中显得又有力又年轻，且说："翠翠，你不信，你咬。"
- "爷爷，我决定不去，要去让船去，我替船陪你！"

- "我要坐船下桃源县过洞庭湖,让爷爷满城打锣去叫我,点了灯笼火把去找我。"
- 人家喊,"过渡,过渡,老伯伯,你怎么的,不管事!""怎么的!翠翠走了,下桃源县了!""那你怎么办?""怎么办吗?拿把刀,放在包袱里,搭下水船去杀了她!"……
- 一面心中却自言自语:"翠翠,爷爷不在了,你将怎么样?"
- 祖父说:"翠翠,我来慢了,你就哭,这还成吗?我死了呢?"
- 不许哭,做一个大人不管有什么事都不许哭。

父子情
- 做父亲的就轮流派遣两个小孩子各处旅行。向下行船时,多随了自己的船只充伙计,甘苦与人相共。荡桨时选最重的一把,背纤时拉头纤二纤,吃的是干鱼,辣子,臭酸菜,睡的是硬帮帮的舱板。
- 学贸易,学应酬,学习到一个新地方去生活,且学习用刀保护身体同名誉,教育的目的,似乎在使两个孩子学得做人的勇气与义气。一分教育的结果,弄得两个人皆结实如老虎,却又和气亲人,不骄惰,不浮华,不倚势凌人,故父子三人在茶峒边境上为人所提及时,人人对这个名姓无不加以一种尊敬。
- 掌水码头的龙头大哥顺顺,年青时节便是一个泅水的高手,入水中去追逐鸭子,在任何情形下总不落空。但一到次子傩送年过十二岁时,已能入水闭铺汆着到鸭子身边,再忽然从水中冒水而出,把鸭子捉到,这作爸爸的便解嘲似的说:"好,这种事有你们来做,我不必再下水了。"

兄弟情
同时爱上了一个女子,在发生矛盾时,互相谦让。
- 代哥哥唱歌。

2. 爱情。
- 天保大老过溪时,同祖父谈话,这心直口快的青年人,第一句话就说:"老伯伯,你翠翠长得真标致,像个观音样子。再过两年,若我有闲空能留在茶峒照料事情,不必像老鸦到处飞,我一定每夜到这溪边来为翠翠唱歌。"
- 梦中灵魂为一种美妙歌声浮起来了,仿佛轻轻的各处飘着,上了白塔,下了菜园，到了船上，又复飞窜过悬崖半腰——去作什么呢？摘虎耳草！

- "爷爷，你说唱歌，我昨天就在梦里听到一种顶好听的歌声，又软又缠绵，我像跟了这声音各处飞，飞到对溪悬崖半腰，摘了一大把虎耳草，得到了虎耳草，我可不知道把这个东西交给谁去了。我睡得真好，梦的真有趣！"

3. 乡情——买卖双方的关系。

- 祖父当时不作声，等到那人回头又走过面前时，就闪不知一把抓住那个人，笑嘻嘻说："嗨嗨，你这个喽罗！要你到我家喝一杯也不成，还怕酒里有毒，把你这个真命天子毒死！"

- 顺顺就要大老把鸭子给翠翠。且知道祖孙二人所过的日子十分拮据，节日里自己不能包粽子，又送了许多尖角粽子。

- 许多铺子上商人送他粽子与其他东西，作为对这个忠于职守的划船人一点敬意，祖父虽嚷着"我带了那么一大堆，回去会把老骨头压断"，可是不管如何，这些东西多少总得领点情。走到卖肉案桌边去，他想"买肉"人家却不愿接钱，屠户若不接钱，他却宁可到另外一家去，决不想沾那点便宜。那屠户说，"爷爷，你为人那么硬算什么？又不是要你去做犁口耕田！"但不行，他以为这是血钱，不比别的事情，你不收钱他会把钱预先算好，猛地把钱掷到大而长的钱筒里去，攫了肉就走去的。卖肉的明白他那种性情，到他称肉时总选取最好的一处，且把分量故意加多，他见及时却将说："喂喂，大老板，我不要你那些好处！腿上的肉是城里人炒鱿鱼肉丝用的肉，莫同我开玩笑！我要夹项肉，我要浓的糯的，我是个划船人，我要拿去炖胡萝卜喝酒的！"

4. 友情。

- 养马兵

5. 陌生人之情。

- 一个不能接受所给的钱，一个却非把钱送给老人不可。正似乎因为那个过渡人送钱气派，使老船夫受了点压迫，这撑渡船人就俨然生气似的，迫着那人把钱收回，使这人不得不把钱捏在手里。

- 祖父气吁吁的赶来了，把钱强迫塞到那人手心里，且搭了一大束草烟到那商人担子上去，搓着两手笑着说："走呀！你们上路走！"那些人于是全笑着走了。

- "他送我好些钱。我才不要这些钱！告他不要钱，他还同我吵，不讲道理！"

- 有时缸里加些茶叶，有时却只放下一些用火烧焦的锅巴，趁那东西还燃着时便抛进缸里去。老船夫且照例准备了些发痧肚痛治疱疮疡子的草根木皮，把这些药搁在家中当眼处，一见过渡人神气不对，就忙匆匆地把药取来，善意的勒迫这过路人使用他的药方，且告人这许多救急丹方的来源。

6. 人和动物的感情。

- "狗，狗，你狂什么？还有事情做，你就跑呀！"于是这黄狗赶快跑回船上来，且依然满船闻嗅不已。翠翠说："这算什么轻狂举动！跟谁学得的！还不好好蹲到那边去！"狗俨然极其懂事，便即刻到它自己原来地方去，只间或又象想起什么似的，轻轻地吠几声。

- 船陪你。

（二）民风

1. 知足。

- 有人心中不安，抓了一把钱掷到船板上时，管渡船的必为一一拾起，依然塞到那人手心里去，俨然吵嘴时的认真神气："我有了口粮，三斗米，七百钱，够了。谁要这个！"

2. 本分。

- 凡事求个心安理得，出气力不受酬谁好意思，不管如何还是有人把钱的。

- 一切莫不极有秩序，人民也莫不安分乐生。这些人，除了家中死了牛，翻了船，或发生别的死亡大变，为一种不幸所绊倒觉得十分伤心外，中国其他地方正在如何不幸挣扎中的情形，似乎就永远不会为这边城人民所感到。

3. 吃苦耐劳。

- 但天不许他休息，他仿佛便不能够同这一分生活离开。他从不思索自己的职务对于本人的意义，只是静静的很忠实的在那里活下去。

- "伯伯，看你那么勤快，我们年轻人不敢辜负日头！"

4. 责任。
- "翠翠,吃了饭,同你爷爷去看划船吧?"
- 翠翠不好意思不说话,便说:"爷爷说不去,去了无人守这个船!"
- "你呢?"
- "爷爷不去我也不去。"
- "你也守船吗?"
- "我陪我爷爷。"
- "我要一个人来替你们守渡船,好不好?"
- 在职务上毫不儿戏的老船夫,因为明白过渡人皆是赶回城中吃晚饭的人,来一个就渡一个。不便要人等在那里呆等,故不上岸来。

5. 淳朴。
- 翠翠在风日里长养着,把皮肤变得黑黑的,触目为青山绿水,一对眸子清明如水晶。自然既长养她且教育她,为人天真活泼,处处俨然如一只小兽物。人又那么乖,如山头黄麂一样,从不想到残忍事情,从不发愁,从不动气。

6. 率真。
- 且独自低低地学小羊叫着,学母牛叫着,或采一把野花缚在头上,独自装扮新娘子。
- 这一天军官税官以及当地有身份的人,莫不在税关前看热闹。
- 凡把船划到前面一点的,必可在税关前领赏,一匹红,一块小银牌,不拘缠挂到船上某一个人头上去,皆显出这一船合作的光荣。好事的军人,且当每次某一只船胜利时,必在水边放些表示胜利庆祝的五百响鞭炮。
- 赛船过后,城中的戍军长官,为了与民同乐,增加这节日的愉快起见,便把三十只绿头长颈大雄鸭,颈脖上缚了红布条子,放入河中,尽善于泅水的军民人等,下水追赶鸭子。不拘谁把鸭子捉到,谁就成为这鸭子的主人。

7. 慷慨。
- 这个大方洒脱的人,事业虽十分顺手,却因欢喜交朋结友,慷慨而又能济人之急,便不能同贩油商人一样大大发作起来。
- 把葫芦嘴推让给一个年青水手,请水手喝他新买的白烧酒,翠翠问及时,那城中人就告给她所见到的事情。翠翠笑祖父的慷慨不是时候,不是地方。

8. **重义**。

- 这些人既重义轻利,又能守信自约,即便是娼妓,也常常较之讲道德知羞耻的城市中人还更可信任。
- 皆照例有习惯方法来解决。惟运用这种习惯规矩排调一切的,必需一个高年硕德的中心人物。
- 凡帮助人远离患难,便是入火,人到八十岁,也还是成为这个人一种不可逃避的责任!
- "翠翠,你这是为什么?说定了的又翻悔,同茶峒人平素品德不相称。我们应当说一是一,不许三心二意。

9. **认命**。

- 船总顺顺像知道他心中不安处,就说:"伯伯,一切是天,算了吧。我这里有大兴场人送来的好烧酒,你拿一点去喝罢。"
- 他认识的那个兵,到末了丢开老的少的,却陪了那个兵死了。这些事从老船夫说来谁也无罪过,只应天去负责。
- 有时便躺在门外岩石上,对着星子想他的心事。他以为死是应当快到了的。

(二)景

明亮。

顺顺家是首富,爷爷家最穷,仍然可以相爱,可以成亲。

小结:这是一个世外桃源。和谐,亲善,宁静,安谧。有贫富,但贫与富的关系和谐。

- 那母女显然是财主人家的妻女,从神气上就可看出的。翠翠注视那女孩,发现了女孩子手上还戴得有一副麻花绞的银手镯,闪着白白的亮光,心中有点儿歆羡。
- 翠翠忽又忙匆匆的追上去,在山头上把钱还给那妇人。那妇人说:"这是送你的!"翠翠不说什么,只微笑把头尽摇,且不等妇人来得及说第二句话,就很快的向自己渡船边跑去了

五

探讨问题。

1. 风俗道德从哪里来？传统的儒家道德，小说戏剧。

2. 悲。

但是仍然是一个悲剧。

把美好的东西撕碎了。每个人都很好，却会发生误解。人和人之间是难以沟通的。人是美好而脆弱的。

命运，宿命，常与无常。

- 唱完了这歌，翠翠觉得心上有一丝儿凄凉。
- "天保大老坐下水船到茨滩出了事，闪不知这个人掉到滩下漩水里就淹坏了。早上顺顺家里得到这个信，听说二老一早就赶去了。"
- 这消息同有力巴掌一样重重地掴了他那么一下，
- 船总顺顺像知道他心中不安处，就说："伯伯，一切是天，算了吧。
- 我这里有大兴场人送来的好烧酒，你拿一点去喝罢。"
- "天保当真死了！二老生了我们的气，以为他家中出这件事情，是我们分派的！"

3. 比较一下鲁迅笔下的农村。

鲁迅和沈从文笔下的中国乡村：看见的他想看见的，写出他想写出的，即使是无意的。

"桃花源"里有贫富，没有阶级。有亲善，没有斗争。很温馨。

4. 人是不自由的。

传统社会用礼教束缚人，资本主义社会用金钱束缚人。

人是生而自由的，却无往不在枷锁之中。自以为是其他一切的主人的人，反而比其他一切更是奴隶。——卢梭

也许茶峒是比较理想的社会。既没有资本主义赤裸裸的金钱关系，也没有严格僵化的礼教尊卑。可是人还是无法摆脱命运。你只能长大，从自然人变成社会人。你只能死亡，无论多么健康。

5. 为什么要写这一篇"桃花源记"？

"重造民族品德"的理想。批判和建构。

这个民族，在这一堆日子里，为内战、毒物、饥馑、水灾，如何向堕落与灭亡大路走去，一切人生活习惯，又如何在巨大压力下失去了它原来的型范！

6."重塑社会的理想"和"人生悲剧的现实"并存。

理想的社会并非没有悲剧。

老子说："天地不仁，以万物为刍狗。"祭祀用的草狗，用完了就被丢掉了。这就是人类的命运。在这段时间内，如何让人活得合理、幸福？

人的存在有根本上的悲剧。我们要接受悲剧的存在。

这就是认命！

"芳草鲜美，落英缤纷"，最终也有悲剧。我们只能珍惜人存在和相遇的时光。

命运不能左右，幸福可以追求。

人是生而自由的，却无往不在枷锁之中。自以为是其他一切的主人的人，反而比其他一切更是奴隶。——卢梭

六

总结：

1. 沈从文在痛苦中呼唤翠翠的名字，是在呼唤一个合理的社会。

虽然命运无法主宰，但我们照样要把人生活得精彩！

2. 看小说，不仅仅是看情节。还要通过它认识一个人，认识一个社会，一个时代。看到深的地方去。有所思考，提高鉴别力。正如沈从文说的要"思"（独立思考），而不是"信"（盲目相信）。

回家作业：阅读费孝通的《乡土中国》，美国作家霍桑的《红字》。

· 听课回响 ·

《边城》的寸关尺三脉

山东省济宁市泗水县教育和体育局教学研究中心　乔海坤

山东省济宁市泗水县华村初级中学　张　枫

听黄玉峰老师的课,有两个意外,一是提前通知的课题是高二年级的《朦胧诗赏析》,正式开课,讲的却是沈从文先生的小说《边城》,临时换题,学生有没有预习到位?能否讲深讲透?第二,他是校长,学校的行政领导,该管的事千头万绪,怎么可能有时间做普通教师的功课呢?

但,结果大大出人意料,他不是大夫,却会把脉,而且,把得还特准。一堂《边城》阅读指导课,脉像有三,"寸、关、尺"三脉俱全,黄老师不偏不倚,把得恰到好处。

1."寸"脉。

中医学讲六腑消化谷物,津液沿着经络流泻,交会在气口,五脏六腑气口成寸,用来判断生死。微妙在脉,不可不仔细研究。

那么,一部小说的"寸口"在哪里?解析一部作品,跟把脉人体脉象道理大抵是相通的,找准"寸口"是关键。小说的"寸口"或者说"寸脉"是什么?听完黄玉峰老师的课,我先前的不解,瞬间化成了无比的敬意。黄老师用了85张投影,竟有一半是裁剪书中的文字,他贴"茶峒的小山城,有一小溪,溪边有座白色小塔,塔下住了一户单独的人家。这人家只一个老人,一个女孩子,一只黄狗"。他贴"翠翠为人天真活泼,处处俨然如一只小兽物"。他贴"爷爷,爷爷,你听我吹,你唱"。他贴"爷爷,我决定不去,要去让船去,我替船陪你"。他贴"翠翠心中那个古怪的想头,爷爷死了呢"……开始我以为,黄先生是没得讲了,临时裁剪些文字应景。听着听着,我竟然身不由己地陶醉,陶醉到翠翠的爱情悲剧里,不能自拔。同黄老师一道跟着沈从文的文字,走进了一幅图画,一幅纯朴自然清新优美的世外桃源,走进了诗情浓郁的湘西农家,走进了翠翠和二老"回头大鱼来咬你"的戏语中，走进了"你听我吹，你唱"的祖孙情谊里……听着听着，我顿悟，这些裁剪的话语，其实没有一句是多余。小说的"寸口"在哪里？不就在这些灵动的文字里吗？我们只要读懂了这些文字，就能读懂湘西淳朴的民风，就能和翠翠一道，爱着她的爱，恨着她的恨，就能理解，爷爷最后编制的十四双草鞋的真正用意。

2."关"脉。

正常人就是身体运作正常，无关乎是否生病。中医是教人养生的，不是出了问题如何去医治的。小说也是，我们本来没病，结果看多了打打杀杀、恩恩怨怨的文字，心底里便结了愁怨，便"病"了起来，忧心忡忡，虑不得解的时刻，黄老师借沈从文先生的文字提醒了我们，我们应该像老船夫一样，一样地写字，一样地生活：老船夫十分高兴，把葫芦取出，推给城中来的那一个。两人一面谈些端午旧事，一面喝酒，不到一会，那人却在岩石上为烧酒醉倒了……孵一巢小鸡，养两只猪，托下行船夫打副金耳环带两丈官青布，或一坛好酱油、一个双料的美孚灯罩回来……于是长潭换了新的花样，水面各处是鸭子，各处有追赶鸭子的人。把脉《边城》，观照现代，黄老师通过沈从文先生的小说告诉我们，人到底应该怎么生活。回归于民间，上下通融，与一切万物相融合，对一切人与物都那样充满着爱与好奇，怀一颗朴素的心，过一种朴素日子，南山悠悠，菊花朵朵，青树翠蔓，蒙络摇缀，又何尝不是一种健康的生活？

3."尺"脉。

黄老师在课的最后，给学生带来了几把"尺子"，他引用了张新颖老师《沈从文九讲》中的语句，告诉我们"明白了什么"，把《桃花源》与《芙蓉镇》相提并论，引用了刘再复先生的《双典批判》中的内容，引用了毛主席的《中国社会各阶级的分析》的精辟论述，引用了《大道之行》的原文、列宁的《国家与革命》等等内容。黄老师用鲁迅笔下的乡村生活与边城作比较，他说："鲁迅看见了他想看见的，写出的他想写出的。而沈从文描绘了他的理想，他在生命里的最后呼唤翠翠的名字，就是在呼唤一个合理的社会。"他说，生命是有常，而生活又是无常。老子说：天地不仁，以万物为刍狗。"常"与"不常"不是天地有意安排，但天命又是难测的。所以说，理想的社会并非没有悲剧，其实，重塑社会的理想与人生悲剧的现实并存！但黄老师让学生认识到人生的"常"与"无常"，是让学生辩证地来看待人生，而不是消极地对待人生。相信"命运不能把握，但幸福是可以追求的"这句话带给学生及所有参会老师的是更深远更恒久的思考与震撼！意在提醒同学们，对于文学的批评，使用不同的"尺子"，就会得出不一样的结论，不拘泥，不唯书，不唯上，勇于创新，积极探索，敢于立论，才是青年人的本色，才是我们这个时代需要的最强音。

一堂课，三处"脉"，"脉"力无穷，脉脉相连，脉脉载道。

阅读，如一道盛宴，只有亲自咀嚼，才能品出个中滋味。黄老师的《边城》整本书阅读课研，让学生走近边城，走近翠翠，碰撞出人间至情至性。

精彩宜与高效行，阅读当与思辨伴

广西柳州市教育科学研究所　杨丽娜

黄玉峰老师以73岁高龄仍在教学改革与研究的道路上行进着，他的激情与才情令我们感佩，他的实践与研究给我们以借鉴，同时他所执教的《边城》这节课还引发我们的一些思考，具有审辩价值。

黄老师的教学过程，主要有五个环节：

1. 问题聚焦定目标。展示课前收集的学生有价值的三个问题，把关注点聚焦在"民风""人情""天命"上，依据学情及阅读重难点，确定课堂教学目标。这一环节用时6分钟，教师展示。

2. 知人论世谈作者。通过"知人论世"帮助学生深入了解作者，从而深度解读文本。这一环节用时12分钟，教师讲授。

3. 品"风"析"情"读文本。围绕"我们从《边城》读出了什么"的主问题，设计了三个问题推进对《边城》"风""情"的文本解读：①"边城讲了几个故事？或者用最简单的语言介绍边城。"②"最打动你的是哪一段，哪一句话，甚至哪一个词？"③"祖孙情表现得最强烈的句子是哪些？哪段话最能够体现祖孙情?"以问题为导向,帮助学生走入文本,梳理情节,把握人物关系,理解人物。这一环节用时34分钟,师问生答。

4. 谈"天"说"命"论"无常"。由文中多处出现的"天"与"命"谈及"人生无常",揭示作者创作意图、小说主旨——"作者写这部书表达对人生的看法,最终告诉我们的就是'人生无常'。"这一环节用时18分钟,教师讲授。

5. 质疑解惑思人生。学生当堂提出课堂研讨后生成的疑问,老师谈自己的观点。这一环节用时7分钟,生问师答。

这是一节老师精彩呈现的课。黄玉峰老师激情饱满,旁征博引,足见投入之深、储备之丰。但是老师的精彩无法替代学生的精彩。由于异地课研,学生准备不充分,课堂参与度不高;教师对学情预判不足,任务驱动少,学堂成了讲堂。

要想获得学生的精彩,必须打造"少教多学、自主建构、深度思考"的课堂。如果老师把资料查找与收集的任务交给学生完成,学生就学会了筛选、整合与利用信息;如果老师把"知人论世"前置于阅读课中,学生就学会了借助资料研读文本。梳理情节,概括内容,鉴赏好词好句重要段落,从B级到E级,学生的能力在课堂上都得到了培养,唯有F层级的"探究"因老师的讲授而发展不足。小说情节发展的逻辑线,人物命运走向的必然性,理想桃花源的悲剧之美,都富有探究价值。如能选取角度,巧设任务,激发兴趣,组织探究,课堂的精彩一定属于学生。

2017版的新课标对学生提出了思辨阅读与表达的要求。对学生思维力的培养,老师的示范作用不可忽视。老师的每一个观点判断,都应该建立在充分的论证上;老师的课堂语言表达,也应力求严谨周密合乎逻辑,这样才有利于学生思辨性阅读与表达的养成。课上有一个细节,学生谈到爷爷的开明,对比了《孔雀东南飞》。黄老师则对刘兰芝持"过失说",认为刘兰芝做不好媳妇,自己闹出来很多事情,"不能完全去怪她婆婆,她婆婆稍微讲几句话她就要走,而且就要死"。如果老师能依据文本提供有力的支撑,那么这就是一次很好的思辨性阅读的示范,可惜"稍微讲几句话"于文中无据,"婆婆说几句就要死"归因有误。老师的观点缺乏理据支撑,表达缺乏严谨性,难以服众。

谈到天命时,黄老师主张"人无法摆脱自己的命运",这个观点是否正确呢?作品中的"天命",是人物囿于自身认知与环境的局限、无法科学理解下的归因。翠翠的悲剧真的是天命使然吗?当然不是。这一点作者很清楚,黄老师应该也很清楚,但学生就不清楚了。黄老师说命运不可掌握,那平日里我们耳熟能详的"知识改变命运"正确吗?"如果命运不可掌握,那么我们还需要努力吗?二者谁更重要?"造成这个误会的原因是老师的表达缺乏思辨性。思辨讲究表达的严谨性,概念的周密性。从黄老师的用例来看,他说的"命",是人由生而死的自然规律,不以人的意志为转移,与作品中的"命"——冥冥之中主宰他人发展走向的无形力量——不是同一概念。概念之间内涵与外延兼有区别,如果没有厘清,混为一谈,那是无法"使人昭昭"的。

总而言之,在课堂教学中,教师要始终明确以学生为主体,少下论断,多做探究,少灌输,多生成,课堂就会成为科学高效的学堂。新课标,新课程,新改革,需要我们在实践中交流碰撞,积累经验,反思不足,收获成长。感谢黄玉峰老师的课研,我们在路上。

·课堂实录·

《走进苏轼》课堂教学实录

执教：梁晓静

师：各位老师，各位同学，现在我们开始上课。有人曾经说过这样一段话——

【PPT】

从苏轼乘风归去的公元1101年算起，已有九百多年，当我也乘风归去并转世投生时，应该已有一千多年了吧。在这千年的轮回中，我不知道有多少人曾经如我一样期盼过，但我仍愿意倾尽我全部的虔诚来祈祷："来生让我嫁给苏轼，嫁给这个上帝唯一的骄傲。"

师：我想问问同学们，你们猜猜一个什么样的人写出了这样一段话"来生让我嫁给苏轼"？

生：我以为是一位非常欣赏苏轼才华的人。

师：那你再来猜猜，写这段话的人是男人还是女子呢？

生：我认为是一个非常崇拜苏轼的女子。

师：那让我们一起来看大屏幕——

【PPT】

（学生一片惊呼声）

师：同学们，当我第一次读到当代散文家梁衡先生的这段文字时，我也很是惊讶，他说"来生要嫁给苏轼"，今天就让我们一起来探究苏轼其人、其词、其情，看看一个怎样的苏轼能让散文家梁衡发出这样的感慨呢？一起来读题目。

【PPT】

走进苏轼

师：这节课我们要研读苏轼的三首词，分别是《江城子·乙卯正月二十日夜记梦》《江城子·密州出猎》《卜算子·黄州定慧院寓居作》，其中《江城子·密州出猎》是部编初中语文九年级上册的内容，《卜算子·黄州定慧院寓居作》是部编初中语文八年级下册的内容。

(一)《江城子·乙卯正月二十日夜记梦》

我们来看第一首词，一起来诵读，《江城子·乙卯正月二十日夜记梦》，读——

【PPT】

江城子·乙卯正月二十日夜记梦

十年生死两茫茫。不思量，自难忘。千里孤坟，无处话凄凉。纵使相逢应不识，尘满面，鬓如霜。

夜来幽梦忽还乡。小轩窗，正梳妆。相顾无言，惟有泪千行。料得年年肠断处，明月夜，短松冈。

（生齐读）

师：既然要品读诗词，首先教给同学们品析诗词第一法，请做好记录。

【PPT】

第一法：解其题

师：从题目中，你读到了什么？

生：时间——乙卯正月二十日夜，事件——记得是一场梦。

师：那我们再细读一下题目，乙卯是哪一年？

生：（参见注释）1075年。

师：1075年，恰逢苏轼被下放到密州做知州，当时的苏轼已40岁了。再看"正月"，我们中国人的正月通常是什么日子？

生：过年的时候，全家团圆。

师：所以同学们，从正月二字，我们可以猜测一下，这首词写哪方面内容？

生：可能是思念亲人。

师：同学们，老师一直觉得，经典诗词就如同一位绝世美人一样，字字珠玑，"增之一分则太长，减之一分则太短"，同学们写文作诗也需如此！我再教给大家解读诗词第二法，请做好批注。

【PPT】

第二法：知其人

师：有哪位同学提前预习了，能为我们讲讲这首词的背景吗？

生：这首词是苏轼纪念亡妻王弗所作的，写这首词的时候，王弗已经死去十年了。

师：同学们知道当年的王弗和苏轼过着怎样的生活吗？19岁的苏轼初遇16岁的王弗，苏轼可谓是才华横溢，那王弗呢？

生：貌美如花。（众生笑）

师：不仅仅是貌美如花，而且是知书达理，孝敬亲长。苏轼读书作词偶有忘句时，王弗就在旁边小声提醒。苏轼慢慢发现他的妻子还是一位非常有才华的女子，每每夸赞时，王弗都羞涩地说"略知一二"。同学们想想，作为男子，有这样一位妻子，他感觉如何？

一男生：（开心）幸福，美滋滋！（众生大笑）

师：是啊，心里美滋滋，夫复何求呀！很可惜的是，这种美好的生活仅仅持续了 11 年。11 年后，王弗因病去世。王弗离世的时候，苏轼多大岁数了？

生：30 岁。

师：而立之年，痛失爱妻！作为苏轼，心情如何？

生：悲痛！

师：而创作这首词的时候，苏轼已经 40 岁了，王弗死后的十年间，苏轼有没有忘却过王弗？你又从何而知？

生："十年生死两茫茫，不思量，自难忘。"

师：请同学们化身苏轼，把心中的悲痛和难忘说出来，再读。

（生声音低沉地齐读）

师：再教给同学们品读诗词第三法，请记录。

【PPT】

第三法：借意象

师：何谓意象？就是诗人用以表情达意的物件，比如写送别的诗词中常常出现的"柳""灞桥"等，写孤独漂泊常用的"蓬草"。同学们先看看这首词的上阕出现了哪些意象？

生：孤坟，尘，鬓。

师：一个孤坟，恰恰写出了"无处话凄凉"，原因是？

生：生死相隔，地域相隔。一个下放到密州，一个葬在眉山老家。

师：同学们如何解读"尘满面，鬓如霜"呢？

生：刚才老师说过，苏轼此时是被下放到密州，也就是官场被贬谪，遭遇人生困境，所以可以解读为饱经沧桑。

师：说得好，饱经沧桑。这十年恰是王安石变法最激烈的十年，新党和旧党的斗争中，苏轼屡遭贬谪，所以才有了四十岁就感慨"鬓如霜"！同学们一起来读读苏轼这几句饱经沧桑的感慨，千里孤坟，起——

（生齐读）

师：那么下阕中苏轼又用了哪些意象呢？

生：小轩窗，泪，月，松岗。

师："小轩窗，正梳妆"。这两句描述的是谁？

生：王弗。

师：我们品析诗词的时候，要在脑海中形成画面感。同学们可以想象一下，梦中的苏轼恍惚间回到了家乡，缓缓推开房门，发现日思夜想的王弗就坐在室内，苏轼的心情如何？

生：惊喜，欣喜，开心……

师：你们觉得这么欣喜的苏轼会对日思夜想的王弗说什么？

生：会说很多相思的话！

生：什么也不说，因为词中写道"相顾无言"。

师：你是真正了解苏轼的人！同学们再想一下，当苏轼慢慢推开房门的时候，正在梳妆的王弗缓缓回眸，见到了毕生所爱苏轼，她又会说什么？

生：什么也没有说。

师：我想问同学们，如此思念彼此的两个人，十年来不曾忘却的两个人，为什么却无言以对呢？

生：思念的话太多了，不知说什么好了！

生：因为这是一场梦，怕一说出来就醒了！

师：你是真正体会到这场刻骨铭心之痛的人！所以呀，同学们，这两人是不什么说呀？

生：不敢说！

师：是啊，同学们，不敢说，怕梦醒一场空！接下来梦还是醒了，苏轼词中的"明月夜，短松冈"是何地呢？

生：埋葬王弗的地方。

师：这是苏轼的伤心之地，人一生中一次肠断已经叫人痛彻心扉了，而苏轼说年年肝肠寸断，年年不曾放下心中的痛。那么，请同学们化身苏轼，共同来读这首词。词又称填词，本来就是配乐演唱的，今天我们虽不能吟唱，但可以配乐诵读，请同学们一起读。

（生配乐诵读，情致动人）

师：（接着背景音乐）此时，我们再来看梁衡先生说的那一句"来生让我嫁给苏轼"，因为苏轼是一个怎样的人呢？

生：一个深情的苏轼，一个痴情的苏轼！

师：这是一个痴情的苏轼，怪不得梁衡发出这样的感慨！

(二)《江城子·密州出猎》

师：同学们，很巧的是，苏轼在密州以"江城子"这个词牌名还创作了另一首词，一起来读，《江城子·密州出猎》，起——

(生齐读)

【PPT】

江城子·密州出猎

老夫聊发少年狂，左牵黄，右擎苍，锦帽貂裘，千骑卷平冈，为报倾城随太守，亲射虎，看孙郎。

酒酣胸胆尚开张，鬓微霜，又何妨！持节云中，何日遣冯唐？会挽雕弓如满月，西北望，射天狼。

师：先从解题开始，你读到了什么？

生：这是一首狩猎词。

师：品析这首词，我再教给同学们一个方法，记录。

【PPT】

第四法：抓诗眼

师：所谓诗眼就是一首词的灵魂所在、中心所在。在读完之后，同学们找到诗眼了吗？

生：狂。

师：好一个"狂"字，怎么解析这个狂字？

生：狂妄，狂放，豪放！

师：那围绕这一个"狂"字，诗人在上阕选用了哪些意象呢？

生：黄狗，苍鹰，锦帽貂裘，千骑，平冈，虎。

师：这些意象营造出了一种怎样的意境，你能描述一下吗？

生：四十岁的苏轼如少年一般狩猎，左右牵一条黄狗，右臂擎着一只苍鹰，他的随从们都穿着锦帽貂裘，骑马过平冈。

师：我觉得这段描述中有一个字还是有欠缺的，"卷"，你能再形容一下吗？

生：千军万马席卷而过。

师：一个"卷"字写出了当时——

生：速度快，范围广！

师：好，有气势，那在这千军万马之前的是谁？

生：苏轼。

师：什么气势？

生：狂放，豪情万丈！

师：再看下阙中又有哪些意象？

生：酒，鬓，月，天狼。

师：狩猎之后必然要饮酒，自古英雄爱美酒，酒能壮胆。酒后的苏轼更显狂放，酒后的苏轼敢说平时不敢说之话，他说——

生：鬓微霜，又何妨？

师：同学们对这个意象熟悉吗？在哪里看见过？

生：上一首词中出现的是"尘满面，鬓如霜"。

师：我想问同学们，这两首《江城子》是在同样的时间创作的吗？是同一个人创作的吗？是在同一地点写的吗？"鬓"这个意象形容的是同一人吗？

生：都是苏轼创作于密州时期。

师：那为何一个"鬓如霜"，一个"鬓微霜"呢？

生：心情不同！

师：很好，请同学们记下这样一句话——言为心声。同学们写文章也要发自内心，言为心声，方能感人至深！我想请两位男生化身苏轼来读这首词，读出此时苏轼的狂放来。

（两男生放声齐读，豪情万丈）

师：感谢这两位男生，在你们的诵读中我们再次领略了苏轼的气吞山河之势！同学们都知道，苏轼是豪放词派的代表人物，但是同学们知道吗，苏轼笔下第一首真正意义上的豪放词就是这首《江城子·密州出猎》，再回想梁衡先生说的那一句"来生让我嫁给苏轼"，他想嫁给的是一个怎样的苏轼呢？

生：一个豪情万丈的大丈夫！

(三)《卜算子·黄州定慧院寓居作》

师：请同学们看这样两句诗，这是苏轼晚年时期给自己的自画像。

【PPT】

> 问汝平生功业，
>
> 黄州、惠州、儋州。
>
> ——《自题金山画像》

师：从诗中你可以看到，苏轼对毕生最高评价都发生在他——

生：被贬谪时期。

师：让我们一起来看看苏轼人生最低谷——黄州时期的一部作品。同学们已经学过苏轼黄州时期的一部小品文《记承天寺夜游》，对这段历史并不陌生，而我想说的是，苏轼被贬黄州之前曾入狱103天，这段时间他遭遇了什么？请看——

【PPT】

狱友："遥怜北户吴兴守，诟辱通宵不忍闻。"

东坡给其弟："是处青山可埋骨，他时夜雨独伤神，与君世世为兄弟，又结来生未了因"。

（编者注：吴兴守即苏轼。此前苏轼任吴兴太守）

生：在狱中被诟骂。

师：想象一下，当时的苏轼已经名震北宋词坛，世人以得到苏轼的一首词为最尊贵的事情，这样一代大文豪，身心受到如此的摧残，他会想到什么？

生：有可能是死。

师：苏轼在后来写给弟弟的一封信中说，他其实已经做好了死的准备了。而此时，他人生中的黄州时期到来了。同学们一起来读这首词，《卜算子·黄州定慧院寓居作》，起——

（生齐读）

【PPT】

卜算子·黄州定慧院寓居作

缺月挂疏桐，漏断人初静。谁见幽人独往来，缥缈孤鸿影。

惊起却回头，有恨无人省。拣尽寒枝不肯栖，寂寞沙洲冷。

师：从题目中你们读到了什么？

生：地点。

师：细读题目中的一个词"寓居"，何谓寓居？

生：不是自己的地方，是租的。

师：寄人篱下。这首作品写于在黄州初期，当时他寄居在寺庙中。这首词连用了一些意象，营造出了一种独特的意境，请大家找出来。

生：缺月，疏桐，漏，幽人，孤鸿，让人读起来很凄凉的感觉。

师：这里有两个意象，大家再来辨析一下，一个幽人，一个孤鸿，是否有共通之处？

生：都是在夜深人静时非常孤独的立于世间。

师：下阕前两句"惊起却回头，有恨无人省"两句如要补充主语，你们会补充什么？

生：我觉得是孤鸿。

生：我觉得是幽人。

师：鸟儿受惊之后的第一反应是什么？

生：找一个地方躲起来。

师：那为何词中写道"拣尽寒枝不肯栖"？那么人呢？为何也是"拣尽寒枝不肯栖"？

生：没有安全感。

生：我觉得是傲气，因为苏轼是一代大文豪，文人本就一身傲骨！

师：是的，同学们，这个世界上有几人能不向命运低头？苏轼就是其中一人，即便孤独寂寞，依然坚守自我，一身傲骨立于天地之间！那让我们化身一身傲骨的苏轼，读出一代词人的傲气来！起——

（生齐读）

师：这才是梁衡想要嫁的人，无论何时都保有一身浩然正气！虽然整首词表现出来了孤独寂寞之感，但这是否代表了苏轼在黄州时期的心境呢？老师还发现了这些词句。

【PPT】

《临江仙·夜饮东坡醒复醉》（1082年）：

小舟从此逝，江海寄余生。

《浣溪沙》（1082年春）：

门前流水尚能西，休将白发唱黄鸡。

《念奴娇·赤壁怀古》（1082年7月）：

大江东去，浪淘尽，千古风流人物。

《定风波》（1082年）

竹杖芒鞋轻胜马，谁怕？一蓑烟雨任平生。

《水调歌头·黄州快哉亭赠张偓佺》（1084年）

一点浩然气，千里快哉风。

（师读题目，生齐读词句）

师：这里你看到了一个怎样的苏轼？

生：乐观的，豁达的，豪情满怀的！

师：是啊，我想，无怪乎当代散文家梁衡发出这样的感慨。梁老师也想说：如果有来生，我也愿意嫁给这样的苏轼！其实同学们，我们学习古典诗文，不仅仅要学遣词酌句，还要学古仁人志士身上那种穷则独善其身、达则兼济天下的情怀，这才是我们走进经典的核心所在！

师：其实梁老师班级的孩子们正在读林语堂先生的《苏东坡传》，一次，班里的孩子们问我：苏轼会炼丹吗？会酿酒吗？我说：会呀，苏轼还会盖房子，杭州著名的苏堤就由苏轼主持建造；苏轼还会做美食，比如我们知道的东坡肉；苏轼不但会写词，还会作文；不但会绘画，还会书法。班里的孩子们又问我，苏轼还会做什么？我说：还会瑜伽呀！

生：（哈哈大笑）哇，全才呀！

师：是啊，苏轼就是这样的人，请看林语堂先生对苏轼的评价——

【PPT】

"苏东坡是一个无可救药的乐天派，一个伟大的人道主义者，一个百姓的朋友，一个大文豪、大书法家、创新的画家、造酒试验家，一个工程师，一个瑜伽修行者佛教徒、巨儒政治家、一个皇帝的秘书、酒仙、厚道的法官，一位在政治上专唱反调的人，一个月夜徘徊者，一个诗人。但这还不足以道出苏东坡的全部……苏东坡比中国其他的诗人更具有多面性天才的丰富感、变化感和幽默感，智能优异，心灵却像天真的小孩——这种混合等于耶稣所谓蛇的智慧加上鸽子的温文"。

——林语堂《苏东坡传》

师：最后，我想推荐给同学们两篇文章——方方的《喜欢苏东坡》、梁衡的《来生嫁给苏轼》，一本书——林语堂《苏东坡传》，希望同学们也爱上这个世间唯一的骄傲！谢谢同学们，下课！

生：（起立）谢谢老师！

· 听课回响 ·

有效整合的语文诗词整合课

天津市教育科学研究院　王敏勤

梁晓静老师探索了诗词教学的模式，这是课程整合的一次尝试，一节课讲了一个专题——走进苏轼。通过学习苏轼的三首词，让学生感悟苏轼的作品魅力与人格魅力。

一、教学设计分析评价

1. 梁老师采取两两对比的做法，把三首词分为两段。

第一段通过苏轼在同一年写的两首"江城子"，表现了苏轼的多情和豪放。

第二段通过苏轼被贬黄州时期的一首词和众多词句的连读，表现了他生活的凄苦和豁达乐观的人生态度。从这里可以看出梁老师在选材和备课的良苦用心。

2. 梁老师在课堂上引入品析诗词的四种方法，第一是解题，第二是知人，第三是意象，第四是诗眼。这四种方法的引入，降低了诗词学习的难度，同时教给了学生品析方法以便于运用。学生也了解了苏轼的部分作品。这是一种大胆的尝试，是一种课程的拓展和整合。

二、教学过程分析评价：

（一）反差导入新课（3分钟）

1. 引入了当代散文家梁衡先生的一段话"来生让我嫁给苏轼"，让学生们猜写这段话的人是男是女。大多数同学看到这个不由自主想到了女子，充分调动了学生的课堂兴趣。

2. 出示梁衡先生和苏轼的对比照片，反差中引入此题——走进苏轼。这个环节的设计异常巧妙，既调动了兴趣，同时也把梁老师自己的情感倾向表达了出来。

（二）对比学习1，体验情感（23分钟）

学习苏轼的第一首词。

江城子 乙卯正月二十日夜记梦

北宋　苏轼（1075）

十年生死两茫茫。不思量，自难忘。千里孤坟，无处话凄凉。纵使相逢应不识，尘满面，鬓如霜。

夜来幽梦忽还乡。小轩窗，正梳妆。相顾无言，唯有泪千行。料得年年肠断处，明月夜，短松冈。

1. 提问该词的写作背景。

2. 提问学生词中有哪些"意象"。

上阙如：孤坟　尘如面　鬓如霜

下阙如：正梳妆　泪千行

3. 配乐诵读课文两遍。

音乐凄凉，学生声音低沉。

学习苏轼的第二首词。

江城子 密州出猎

北宋　苏轼（1075）

老夫聊发少年狂，左牵黄，右擎苍，锦帽貂裘，千骑卷平冈，为报倾城随太守，亲射虎，看孙郎。

酒酣胸胆尚开张，鬓微霜，又何妨？持节云中，何日遣冯唐？会挽雕弓如满月，西北望，射天狼。

1. 让学生找出词中的意象。

2. 让学生说出苏轼写该词的目的。

两首词是同一年所写，但前一首表现了多情的苏轼，后一首表现写了豪情的苏轼，在情感上形成鲜明的对比，可以看出老师选文的意图。从学生的回答看，学生平时的诗词积累比较多，对文章的理解也基本准确。

3. 提问：通过本词能看出是一个什么样的苏轼？

4. 让学生配乐朗读，读出豪情的苏轼。

（三）对比学习2，感悟人生（15分钟）

学习苏轼的第三首词。

黄州四年（1080.02—1084.04），通过狱友的话和东坡给其弟的信说明当时的苏轼处境凄惨，苏轼被贬黄州。

卜算子　黄州定慧院寓居作

北宋　苏轼（1082）

缺月挂疏桐，漏断人初静。谁见幽人独往来，缥缈孤鸿影。

惊起却回头，有恨无人省。拣尽寒枝不肯栖，寂寞沙洲冷。

1. 提问词中用的意象。

2. 让学生说出词意。

3. 一起配乐朗诵该词。

（四）课堂小结，推荐阅读（2分钟）

苏轼黄州时期系列诗句的连读，从中，学生们体会到了一个在命运面前不屈不挠的有气节的东坡先生。梁老师告诉同学们学习古典诗词的最终目的是为了从古人身上汲取前行的动力和智慧。

1. 课堂小结。

2. 向学生推荐部分研究苏轼的作品。

三、关于语文教学的几个问题

（一）语文教学的基本要求

四心相通。

1. 领悟编者的心。

2. 解读作者的心。

3. 体现教者的心。

4. 感化学者的心。

（二）语文教学要回答五个问题

1. 文章写了什么？

整体感知，给课文分段，理清课文的结构脉络。

2. 文章怎么写的？

品赏语言（修辞），分析写法（写作）。

3. 作者为什么写？

体会作者的写作意图，归纳主题思想。

4. 编者为什么编？

理解单元的主题和学习要求。单元导入，学习单元导语。

5. 对自己有什么启发？

谈自己学习文章的体会，既有知识能力方面的，也有情感态度价值观方面的，最好结合自己的思想实际来谈。

（三）语文教学五步

读、译、解、悟、展。

1. 读：字、词、读、背。

2. 译：文言文先译成白话文（现代文）。

3. 解：理解编者的意图，解读作者的本意，理清课文的结构、脉络、主题、特点，达到公共理解。

4. 悟：个人对文章的感悟、领悟、见解。

5. 展：拓展提高，开发课程资源，以一带多。同作者的文章以一带多，同主题的文章以一带多，同体裁的文章以一带多，同素材的文章以一带多等。

法与学共存，情与理交融

山东省乐陵市杨安镇中学　周金荣

2018年10月12日，在"第十届名家人文教育高端论坛暨名师课堂研讨会"上，聆听了梁晓静老师执教的《走进苏轼》。她通过和学生对苏轼三首词的学习，让学生不仅习得了学诗词的方法，而且更深入了解了苏轼跌宕起伏的人生际遇和他的豁达乐观。梁老师课上得扎实厚重，法与学共存，情与理交融，也让我收益颇多。

一、环节过渡自然

一堂好课，开头、结尾及环节的过渡设计都能体现出一个教师的专业水平和人文素养。梁晓静老师在这节课三首词的学习中，各环节的处理非常自然巧妙。

梁老师课始引用了梁衡先生这样一段话："从苏轼乘风归去的公元1101年算起，已有九百多年，当我也乘风归去并转世投生时，应该有一千年了吧。他在他的千年里倏忽而过，我在我的千年里苦苦修行，虽然我不知道在这千年的轮回中，有多少人曾经如我一样地期盼过，但我仍愿意倾尽我的全部虔诚来祈祷：来生让我嫁给苏东坡，嫁给这个上帝唯一的骄傲。"梁老师接着又说："苏轼到底是怎样一个有魅力的男人，竟然让一个著名的男作家都对他如此痴迷？"我想就凭这段话，学生已被带入了对苏轼迫切的了解中，进而对这堂课的学习内容充满期待。这时开始进入文本的学习，学生兴趣浓，注意力集中，达到了课前的最好状态。

在从第二首词的学习转向第三首词时，梁老师说："苏轼在《自题金山画像》中曾有这样一句话：'问汝平生功业，黄州，惠州，儋州。'他为什么这样说呢？"从而水到渠成过渡到第三首词的学习。而且在整个课堂中，学完苏轼的一首词，梁老师总是会说：这样一个苏轼，难怪我们著名的作家梁衡先生要嫁给他。

在课的结尾，梁晓静老师引用了林语堂评价苏轼的一段话："苏东坡是一个无可救药的乐天派，一个伟大的人道主义者，一个百姓的朋友，一个大文豪、大书法家、创新的画家、造酒试验家，一个工程师，一位瑜伽修行者佛教徒、巨儒政治家，一个皇帝的秘书、酒仙、厚道的法官，一位在政治上专唱反调的人，一个月夜徘徊者，一个诗人。但是这还不足以道出苏东坡的全部……苏东坡比中国其他的诗人更具有多面性天才的丰富感、变化感和幽默感，智能优异，心灵却像天真的小孩——这种混合等于耶稣所谓蛇的智慧加上鸽子的温文。"梁老师以这段话作课堂的结尾，这不但是对苏轼个人魅力的总结，更让学生的情感找到了落脚点。

这节课，梁晓静老师和学生共学习了三首词，第一首是《江城子·乙卯正月二十日夜记梦》，第二首是《江城子·密州出猎》，第三首是《卜算子·黄州定慧院寓居作》。三首词要在一堂课中学完，梁老师按照写作时间的先后安排顺序，并且词与词之间的过渡自然巧妙，给学生一个清晰的时间线索，利于学生在头脑中形成一个完整的知识体系，在认知上也让学生也有一定的规律可循。

二、以法导学

梁晓静老师在三首词的学习中，注重教给学生品析诗词的方法。第一法——解其题；第二法——知其人；第三法——借意象；第四法——抓诗眼。这"四法"始终贯穿整个课堂学习。我们知道，优秀的教师会授学生以"渔"，而梁老师正是这样做的。学生按照梁老师的"四法"，在她的启发引导下，逐渐走进词的主旨，体会到了诗人要表达的情感。

在学习第二首词《江城子·密州出猎》时，梁晓静老师首先让学生找出这首词的"诗眼"，其次让学生找出哪些意象是围绕诗眼写"狂"的，并让学生想象当时场景，体会苏轼意气风发的"狂"。最后，梁老师让学生通过诵读再次体会场面浩大及苏轼的雄心壮志，让学生明白了"言为心声"的道理。现在，我还能清晰地记得台下那两个男生的齐读，入情入境，声情并茂，特别震撼人。

三、以情引领

这三首词内容上从不同的方面展现了诗人不同的情感，让人从不同角度得以感受苏轼的人格魅力。第一首《江城子·乙卯正月二十日夜记梦》是写了苏轼作为一个丈夫柔情深情的一面，第二首《江城子·密州出猎》写了他作为一个官员忠诚豪情的一面，第三首《卜算子·黄州定慧院寓居作》写了他铮铮傲骨的一面。在三首词的学习中，我感受梁晓静老师在课下做了足够的功夫，对苏轼生平的了如指掌，对有关历史典故的娓娓道来，对文字所创设情景的想象和铺垫，对诗词背后蕴含情感的挖掘，这些都体现了梁晓静老师对教材理解深刻到位和她深厚的教学功底。

梁老师在这节课上做到了法与学共存、情与理交融。如果语文课太注重方法的传授，学生必然学得没有兴趣；如果太注重情感价值观的说教，又失去了语文学法的指导。一个优秀的老师一定会让学生在自己的课堂上学法有所得，精神滋养有所获，梁老师即是如此。

平时，也经常听到一些语文老师抱怨学生对语文不感兴趣，殊不知，学生对语文的兴趣是老师和家长培养出来的，如果学生的家长不重视阅读，教师自身也不重视，仅凭教材上二三十篇文章的学习不可能培养起学生对语文的兴趣。何况抱怨学生没兴趣的语文老师，是不是更应该反思自己，我的语文课上得是否精彩？我是否做到了在课堂上引领学生的阅读？

要上好一节课，教师的储备要丰厚，不然这节课肯定精彩不了，也不可能打动学生。老师上课，既要有运筹帷幄之沉稳，又要有机智灵活之变通，我觉得梁晓静老师做到了以上两点。我相信，通过梁晓静老师的这堂课，学生今后对苏轼及其他诗词作者作品的研读会更深刻。

四、个人一点建议

如果非要给梁老师提点建议，我感觉梁老师在课堂上还是说得多了些，导致学生的思维一直被梁老师牵着走。老师问得多，属于学生的思考就少。我个人的一点想法是，梁老师可以放手让学生结合品析诗词的"四法"自读自悟，初读，深读，再读，学生有感悟后再诵读。至于苏轼的个人魅力和精神品质，学生应该能通过读领悟表达出来。教师在课堂上可以做一个传球者，当学生的问题抛出来的时候，教师要善于把问题再抛给其他学生，引发其他学生更深度的思考。这样，学生的积极性会更高一些。当然，这只是我自己的一点想法，不当之处还请梁老师和读者朋友海涵。

总之，非常感谢梁晓静老师，她的这节课让我对苏轼有了更深刻的了解，也激发了我再读苏轼的热情。课后，梁老师推荐的方方的《喜欢苏东坡》，还有梁衡的《来生嫁给苏轼》以及叶飞《苏东坡的千年人生智慧》我都读了，林语堂先生的《苏东坡传》还没有读，也买了一箱六本装珍藏版的《苏东坡全集》。正像梁老师所说的：我们读苏轼的诗词，不仅仅是看他作为大文豪的文笔和功底，更要学的是他在经历人生困境时的乐观精神和豁达气概，这才是研究苏轼的最终价值所在。最后祝愿喜欢苏轼的每一位老师和同学，也能在不同的人生际遇中完成自己生命的一次次升华。

·课堂实录·

《饮酒·其五》课堂教学实录
执教:赵谦翔

师:上课!

生:起立!

师:同学们好!

生:老师好!

师:请坐!

师:刚才会议主持人介绍了我,说我是个名师,但我知道一堂好课,名师再好,学生如果学习不主动,这课也得砸。去年我就遭遇了这么一场,很费劲的。所以今天我先问一下,今天课堂上谁能有问必思、有思必答、有答必勇?请举手!

(生犹豫,互相看看,有慢慢举起手来的)

师:有慢慢举起手来的,待一会儿我就按照要求。如果你做不到,我现场就批评你,要不你就把手放下。

师:(环视)好像都举了,那行了,放下吧!我估计今天不会有这事儿。虽然今天你们表现这么好,我也得做一个动员,请看:

（大屏幕出示："课堂发言敢死队"宣言）（生笑）

师："课堂发言敢死队"宣言，我曾经在吉林教了两个文科班，我就是这两个班的班主任，也是语文老师。我教的是高中，你们知道吗？高中学生发言跟初中、小学比差多了！越问越不答啊！那老师唱单出头，没有二人转，这课怎么上？所以我就在班内成立了"课堂发言敢死队"，我就把这个宣言给大家读一读，看看有多少人在这堂课敢于加入"敢死队"。

师（出示大屏幕，读）：课堂发言好处甚多：一利激发兴趣，二利开动脑筋，三利锻炼勇气，四利检验见解，五利训练口才，六利培养自信，七利促进参与，八利激励老师，九利增进友谊，十利提高效率。然而如此有利之美事竟被众多学子视为畏途，不敢问津。病根何在？一曰懒，二曰怕，三曰浮。

懒者，学习之奴隶：师问我等，师讲我听，师写我抄，一切被动。如疲牛耕地，驽马驾车，非鞭策再三不肯稍动。如此甘当"厅（听）长"，乐为"抄工"，虚度三秋，岂能有成？怕者，一怕答对，别人说显；二怕答错，人前丢脸。前者全无"自我推销"的现代意识，实乃思想之落伍；后者太多"打肿脸充胖子"的虚荣，确为人格之倒退。试问：如此前怕狼后怕虎，为何不怕学习不进步？浮者，志如雄鹰，翱翔云天；体如乌龟，匍匐沙滩，举手则不屑一顾，发言则不屑一谈，岂不知"积土成山，积水成渊"？莫妄想：一蹴而就，一步登天！

发言事小，实践颇难。病根虽明，救治实艰。非有热血之躯不能力行，非有阳刚之气不能力行，非有勇于斩尽怯懦不怕牺牲面子的"敢死队"精神不能力行！特此约法三章：一曰有问必思，二曰有思必答，三曰有答必勇。敬请立志守则者报名入伍！正告有信君子者驷马难追！

（台下掌声响起）

师：下边有掌声，你们没反应。

（生笑，不好意思地鼓掌）

师：这就是问题啊！现在重新表态，谁能当"敢死队员"？现在举手！

（生笑，举手）

师：好像都举了吧？请放下，我刚才这话你们得记着，报名入伍了，君子一言，驷马难追！一会儿，发言不好，我就问："敢死队员"何在？

（师出示：《饮酒二十首》序）

师：《饮酒二十首》序，余闲居寡欢。

师：什么叫"寡欢"？一起说！

（生没反应）

（师再次强调"寡欢"）

（生还是没反应）

师：外国话啊？"寡欢"，很少欢乐，"寡"是少的意思。胆量没上来。"闲居寡欢，兼比夜已长"，再加上最近夜越变越长，秋天过去，冬天到了，白天短了，夜里长了。懂吗？"偶有名酒"，他们家穷啊！不是天天有，偶尔有名酒。"无夕不饮"，没有一个晚上不喝的。陶渊明爱喝酒，诗人都爱喝酒，李白斗酒诗百篇，陶渊明也这样。"顾影独尽"，看着影子，一个人把它喝光，说明他很孤独，没有伴。"忽焉复醉"，忽然就喝醉了，现在一般人喝醉酒就骂人啊，打架啊！就惹祸了，陶渊明干什么呢？他"辄题数句自娱"，就写几句诗自娱。什么叫自娱啊？就是自己使自己快乐，没人给自己快乐，没人跟自己玩，自己逗自己玩，懂吗？"自娱"这是写诗的最高境界。我们有人写诗为了发表，为了得稿费，为了出名。陶渊明为了自乐，那是高雅的精神生活，所以一自娱，寡欢就解决了。"纸墨遂多"就是写诗稿的纸多了。"辞无诠次"，我这些诗没有固定的次序，"聊命故人书之"，姑且让我的老朋友给我写下来，"以为欢笑尔"我拿这作为我的快乐，这就是由"寡欢"到"自娱""欢笑"。可是当我第一次读到这首诗时，就曾经有个疑问：说是"饮酒"可是这首诗里有饮酒的字样吗？你们读过，有吗？没有！那么一般来说这不跑题了吗？题目是《饮酒》怎么不喝酒呢？现在我们读了序言就明白了，这二十首诗是什么情况下写的？酒醉了以后写的，不是说必须写喝酒，但是都跟喝酒有关。我读了二十首，有的诗说到喝酒，这首诗一句也没说到，但是它跟喝酒有关，注意这对理解诗很有作用。来！一起读一遍！

师：《饮酒二十首》序，读。

（生齐读）

师：有两个生词，"辄题数句"车字旁的那个字读 zhé 当"就"讲，"动辄得咎"，动不动就怎么样。"纸墨遂多"，遂，suì 是第四声。

师：咱们先朗读这首诗，体验它的音趣。所谓音趣，古代的诗歌都押韵，有平仄，还有节奏，这就是诗歌的音乐美。诗歌语言是所有文学语言中最高级的，就是因为它还讲究音乐美。音乐美第一点的表现就是它的结尾这些字，这是什么字？

生（齐答）：押韵的。

师：把它读响。

（师起头，生齐读《饮酒·其五》）

师：还不够突出，关于押韵的理论就一句话，韵母如何？

生：是一样的。

师：是一样的，相同；不一样，相近也行，比如说，第一个"喧"请大家说"喧"的韵母是什么？把x拿掉，韵母是什么？

生：an。

师（纠正）：uan。

师："偏"的韵母是？

生：ian。

师：山的韵母是？

生：an。

师问"还"的韵母是？

生：uan

师：这几个有相同的，有相近的。读起来有回环之美，好听！现在诗人很少讲究押韵，有两个原因：第一，有人不会押韵，他怎么押呀！第二，有人写的诗太好了！不押韵也有诗意。你们现在是哪种？（生笑）所以这个理论不用深说，就这么点儿，我们现在也学了一百多首诗了，你要从一开始读诗就把韵脚读响，到现在你就会押韵了！一会儿我就检验一下。再来一遍，把韵脚读得更响一些！

（师起头，生齐读）

师：音趣欣赏完了，现在我们来赏析意趣。我估计你们是头一次看到这个概念，"趣"就是趣味，所有的文学艺术都讲趣味。意趣是什么意思？请看"意"底下是什么字啊？

生："心"。

师："心"上面是什么字啊？

生："音"。

师：心里的声音就是"意"。你心里的声音：或者情感，或者哲理，总而言之，心里想的那些东西都叫"意"，而这个"意"形成"趣"。意趣有两个内涵：第一，情趣，也就是情感的趣味。第二，理趣，也就是哲理的趣味，这就是意趣的概念。我从哪知道的？是从《红楼梦》里，林黛玉教香菱学诗那儿知道的。诗是有意趣的。

师："品味"，"品"字几个口？

生：三个。

师：古代三、六、九当泛指，那就不止一口。"味"字几个口？

生：一个。

师：所以我这个"品味"就跟一般的意义不一样了，古人写的经典诗太好了！一个字也不要放过，我们一口、两口、三口、四口……像牛羊反刍那样去品味它，我们才能把这首诗读懂。现在咱们就尝试一下。

（出示：先知其人）

师：所有的文学作品先知其人，后知其诗。

师（看屏幕读）：陶渊明：东晋诗人。名潜，注意："渊"带三点水，名字"潜"也带三点水，名和字互相联系就很好记了。号五柳先生。学过《五柳先生传》没有？

（生摇头）

师：将来会学到的。陶渊明28岁之前困顿，他的祖上是大官，他父亲做了个小官，后来家境就败落了。陶渊明的母亲是名士的女儿，她重视对陶渊明的教育，所以陶渊明28岁之前虽然经济生活很困顿，但他的学识没少积累。29岁到41岁，他就学仕，单立人加"士"字是啥意思？

生：做官。

师：他学习做官了，古代"学而优则仕"，学习好了做官。他也去做官，那么29岁到41岁之间他做了官又回家，再做官又回家，第三次辞官后，就永远回去了。为什么他要做官？第一，实现他的抱负。第二，他也得养家糊口啊！陶渊明五个儿子，一个老婆，全家七口人，谁养活？所以当官有俸禄是来养家的。但是最终他也不做官了，为什么？一会儿咱们再说。那么42岁到62岁人生这最后20年，他就回归田园做了什么事啊？

生：写诗。

师：做了隐士。最后辞官那天发生了这样一件事：他任彭泽县令的时候，正赶上上级派遣官员来检查工作，他手下的县吏就告诉他说："上级来了，你应该束带见之。"注意，古代的"带"是用来干什么的？

生：腰带。

师：我这也有腰带，系裤子的。古代不当官没有带子啊！小官、大官，带子不一样，有的蟒袍玉带，这个带是官服外面的衣带。"束带"就是整理好衣带，整理好帽子，穿得规规整整的，然后毕恭毕敬去拜见上级大人，这是官场的潜规则啊！这么一说，陶渊明就不干了，太伤自尊了！所以他就说："我岂能为五斗米，折腰向乡里小儿！"这五斗米是什么？

生：俸禄。

师：当官的俸禄，养家糊口的，为了这五斗米，我就折腰向乡里小儿！注意："小儿"不是幼儿园小孩，在这里指什么人的反面？

生：君子。

师：君子的反面——小人，为了小人，我卑躬屈膝地向你溜须拍马，恭维你！太伤自尊了！"即日解绶去职"。注意："绶"绞丝旁，官印有个包袱，有个拴它的带子，把这个绶带解下，那就是官不做了，把官印往那一放，回家了。猪八戒摔耙子——不伺候（猴）啦！从此陶渊明后半生就当了隐士。你们知道李白的诗"安能摧眉折腰侍权贵"的下句吗？

生：使我不得开心颜。

师：李白的诗大家都知道，其实根儿在这呢！陶渊明老早就这样做了，李白继承和发扬了陶渊明。

（出示：后赏其诗）

生（齐读）：结庐在人境，而无车马喧。问君何能尔？心远地自偏。

师：什么叫"结庐"？

生：建房子。

师：什么样的房子？

生：简陋的房子。

师：所以"三顾茅庐"，住简陋的房子，他如果住别墅，那谁也不去拜见他了！"庐"是简陋的房子。"尔"当什么讲？

生：你。

师：但在这里是代词，这样。问君，这"君"是谁呀？

生：陶渊明。

师：陶渊明自问，我陶渊明为什么能够这样？什么样子？"结庐在人境，而无车马喧"，为什么能这样？"心远地自偏"。这段最关键的一个词就是"人境"。我设个问题大家来看看。

（出示：人境之上（　）境，人境之下（　）境，人境之平（　）境）

师：我们一般都知道，人境之上那叫什么境？

生：仙境。

师：人境之下那叫什么境？

生：鬼境。

师：跟人境平行的，自然之境、山水之境，那就是野境。

师：人境之上——仙境；人境之下——鬼境；人境之平——野境。所以下面就有一个说法：道家讲，小隐于野，大隐于市。也有一种说法：大隐于朝，你在朝廷做官，照样可以隐。现在陶渊明不是在朝廷，所以"小隐于野"，就是小的隐士隐在山野里。他为什么隐在那呢？他想摆脱红尘，可是红尘的事总干扰他，干脆他就躲进山林，客观环境逼你，你就不得不隐。但是"大隐隐于市"，"市"就是集市、尘世、闹市，没有山林阻隔他，他照样能隐。你认为陶渊明是大隐还是小隐？

生：大隐。

师：我们来研究他为什么能够"大隐"。

（出示：车马喧）

师：字面很好解释，车马喧闹，现在我们几乎家家都有车，而且是汽车，古代当然没有汽车，古代的车是什么车？

生：马车。

师：还有牛车、驴车。家家都有马，都有车吗？那不是的，古代官员才能坐马车，而且驾车的马还有等级，最低级官员两匹马；再高点的四匹马，有个词叫"驷马难追"；再比四匹马多的，天子的车呢？六匹马。所以这个车马不是一般的喧闹，这代表什么的喧闹？

生：官场的。

师：官场的喧闹。

师："车马喧"官场喧闹。虽然住在人境，但是跟官场已经隔绝了。

师：何谓"心远"？心，心灵。远，怎么说？一起说！

生：高远。

师：我的心高远，"高远"形容词，刚才有个男生在后边说"远离"，"远离"是什么词？

生：动词。

师：哪个好？你们说。

生：高远。

师：他现在说的是辞官回家，我的心灵远离了官场，不是形容词"高远"。心灵远离官场了，你外面怎么闹，对我没影响，这不就是大隐吗？

（出示：心灵远离官场）

师：形容词变成使动词"远离"。

（出示：何谓地"偏"？）

师：我们一般给"偏"字组词，组成什么？

生：偏远。

师：偏远、偏僻，指的是空间、时间？

生：空间。

师：但是我们知道凡是偏远、偏僻的地方，环境一定怎么样？

生：安静。

师：对！安静。所以这里的意思并不是空间的偏僻，而是这个地方宁静，而这个宁静照应上边的"无喧"，所以这个地方内在的联系都出来了。一起读"结庐在人境……心远地自偏"。

（生齐读）

师：想一想，心远离官场，那么，我这个处地就宁静。心远，则地偏。这句话是抒情还是说理？想一想？

（生不语）

师：抒情的举手。少数，你们错了。这是讲一个道理，这个"则"表示一个条件关系的复句，你有了心灵远离官场的条件，那么这个地方就宁静，这是在说理。一般只要是诗肯定是抒情的，但是最好的诗不但抒情，而且说理，你们最熟知的就是"欲穷千里目，更上一层楼"。所以这个地方不是抒情，而是说理。于是，第一层就概括为：大隐之道。大隐的方法是什么？心远地偏，心灵不远离，你坐在山林里也是白搭；心灵远离了，你在闹市中照样可以隐居。所以，这就是理趣。

师：背诵第一层，"结庐"，预备，起。

（生齐背）

师：你们现在"心"没有"远"，你们的心都在课堂上，所以这四句自然就背下来了。

师：隐士文化，绵延至今。我看过一个资料，在陕西的终南山，现在有五千多名隐士，还包括洋隐士，还有外国人到这来隐居的。北京城里也有位隐士，她已经去世了，这个人你们应该知道，国学大师钱钟书的夫人，杨绛先生。有刊物评价她是当代的隐士，不求名，不求利，最后捐献了那么多钱给清华大学设立"好读书"奖学金。所以这隐士也是一种文化，但可惜像陶渊明、杨绛这样的真隐士，自古到今多乎哉？不多也！因为有的是假的。

师：人世喧嚣，它就有利于争名夺利；那么，我处地宁静，有什么好处？静心就可以审美啊！闹心可以审美吗？天天想着吃喝赚钱等等这些事，那就没有美感了。所以刚才讲了"大隐之道"之后，接着就应该讲"大隐之乐"了。

（出示第二层：采菊东篱下……飞鸟相与还）

（生齐读）

师："篱"字什么字头？

生：竹字头。

师：篱笆是什么做的？

生：竹子。

师：但北方没有竹子，尤其在我的家乡东北没有竹子，就拿苞米啊高粱的秆或者灌木的枝条编成篱笆。篱笆既是一道墙又是带缝的，可以栽种花草、种豆角之类的，所以一说"篱"别管它东篱、西篱哪个篱，只要一说篱笆就到哪了？

生：家里。

师：到乡间田园了。但现在又有个问题，"采菊"，为什么采菊啊？换成采"花"东篱下，怎么样？

生：我感觉采"花"东篱下，花指的范围是比较大的。采"菊"东篱下，光指一种植物。

师：范围大有什么坏处？

生：范围大没法集中突出一个方面。

师：一说采花，就说明他爱什么？

生：爱花。

师：爱花就是爱什么？

生：爱生活。

生：我认为如果换为采花的话，花的范围是比较大的，并且没有象征意义，换为菊花的话，我们都知道陶渊明特别喜欢菊花，所以一个具有象征意义，并且也写出了诗人那种淡泊名利的情趣。

师：说得非常好！但是我还要问，菊花有什么特殊意义？兰花不行吗？梅花不行吗？

生：我认为菊花象征一种淡泊宁静的心志。

师：还不行，菊花的自然特点是什么？首先问你，什么时候开？

生：秋天。

师：还行。那么，它一开花，别的花怎么样？

生：谢了。

师：别的花都谢了，它才开，所以它不与别的花争。另外，一到秋天，天气怎么样了？

生：变凉了。

师：变凉了，下霜了，它还开，说明它怎样？

生：坚毅。

师：说明它能抗寒，有抗争精神。这下说得好，给她鼓掌。

（生齐鼓掌）

师：这才叫真正的"敢死队员"，一看那个男生要"牺牲"了，她马上接下来了。假如说采花东篱下，采花可以代表爱美，也可以代表爱女人，"路边的野花不要采"，不是那么说的吗？所以它是有象征意义的，必须是菊花才能体现隐士的精神。

（出示：菊花的特点——凌霜绽放，不与群芳争艳，象征与世无争、傲然不屈的品格）

师：不要总说隐士消极，隐士不简单呢！官场上的争名夺利，但是我就不跟你们混了，所以这也是一种抗争精神。如果不隐居，就跟着别的官吏一块混，最后别人成了大贪官，他成了小贪官，那么不也都完蛋了吗？所以隐士并不简单。

（出示：屈原《离骚》）

师：朝饮木兰之坠露兮，夕餐秋菊之落英。早晨我喝木兰花上掉下来的露水，晚上我就吃秋菊落下的花瓣。从《离骚》开始就有了"香草美人"之说，古人一说美人，不是谈恋爱，那美人象征美政理想、贤才；一说鲜花，就是美德，所以从屈原就开始了。在屈原的《离骚》里，"夕餐秋菊之落英"表达他傲然不屈。那"采菊东篱下"呢？那就是隐士了，与世无争，清高自守啊！"清高"不是贬义词，"自命清高"那才是贬义词，"清"反义词"贪"，"高"反义词"低"。

生（齐读）："采菊东篱下"与世无争，清高自守，隐士情怀。

师：现在说"悠然"，你们书上怎么解释"悠然"？

生：闲适、淡泊。

师：这以词解词也说得过去，但是你必须拿你的心灵体会。陶渊明隐居之后"悠然见南山"，"悠然"是怎么回事？你描述一下"悠然"的心态是怎样的。谁来说？

生：我认为"悠然之意"第一个是很自然，很自得的，而且陶渊明是在隐居的情况下，他的心非常自然，不与任何世俗争斗，而且不参与任何的官宦之事，我认为这是悠闲。

师：说得好！但不用解释它的背景，就找一些形容词来说。

生：还可以说"轻松"，摆脱官场了，没有任何挂念了。

师：联系"饮酒"说一说。

生：飘飘然。

师：喝过酒吗？

生：没喝过。

师：没喝过就能说出来，不简单！还有吗？有没有新的补充？

生：我认为是悠远静渺，还有闲适。

师：还有没有说的？最后一个机会。

生：我觉得可以用"惬意"这个词。

师：你来描述一下。

生：陶渊明当时已经放弃了世俗的那些名利。

师：用一个形容词描述一下。

生：轻松舒适。

师：这个刚才说了，你比轻松再轻松一点。

（生说不出来）

生：我认为"悠然"还可以指不急不慢，不着急，不慌，从来都没有那种竞争的感觉。

师：回答得不错，行了，你们可能没做过这种思考训练，看我写的。

（出示：悠然：慢慢悠悠，轻轻松松，自由自在）

师：就是这种心态，我这里用了一些什么词？

生：四字词。

师：叠词，同样的词用了叠词，效果就不一样了。来，大家一起轻松一下！"悠然"，读。

（生齐读）

师：陶渊明现在过这种日子，真是惬意！现在还有一个更深刻的内容，你们没有想到，古诗里说"悠然见南山"，你们说"见南山"的主语是谁呀？

生：陶渊明。

师：是我，诗人，但是这个诗句也可以这样理解，"南山见悠然"主语是谁呀？

（生不语）

师：南山啊！所以诗可以这样理解的，也就是说在这个诗句里，诗人和南山是互相悠然的，陶渊明说："我悠然。"南山说："我也悠然。"他俩一起悠然。有这事吗？当然有。

（出示：李白的"相看两不厌，只有敬亭山"）

师：学过没有？

生：学过。

师："两不厌"啊！李白说："我看敬亭山没看够，敬亭山看我也没够。"互相没看够，这就是天人合一啊！不只这个，再看这个。

（出示：辛弃疾的"我见青山多妩媚，料青山见我应如是"）

师：我看绿色的山有多么妩媚，我料想青山看我也这么妩媚啊！这自我感觉多好，这是审美的最高境界。

（出示：审美至境：天人合一，物我两忘）

师：我忘了什么是物，什么是我，我就在那美的境界里徜徉、逍遥，这就是"悠然"。

师："日夕佳"，字面是什么意思？一起说。

生：傍晚的时候美好。

师：傍晚的时候美好，早晨不美好？中午不美好？但诗人偏说晚上美好，谁想到这是为什么？

生：因为"日夕"是傍晚太阳的意思，陶渊明可能认为早上的太阳和中午的太阳寓意着官场和人境，人境十分喧嚣，人们互争。傍晚，太阳快要落山了，人们都该走了，陶渊明特别喜欢这种独自一人、悠然自得的感觉，所以"日夕佳"代表着陶渊明对悠然自得的喜爱以及对世俗的厌倦之情。

师：好，同学们给这位同学鼓鼓掌。（生鼓掌）一是这位同学学习态度好，积极发言；二是这位同学的发言里有一个联想，说早晨和中午的太阳寓意着在官场里的斗争，这个有点意思。我不细说了，刚才这位女同学举手，你来说说。

生：我觉得傍晚的太阳比白天的太阳多了一点的寂静，也表达了陶渊明自己的生活情趣，向往田间的这种宁静，远离官场纷争的这种生活态度。

师：跟刚才那位同学的联想一样，你想想陶渊明的一生哪个阶段最好？

生：晚年。

师：对呀，晚年是什么生活？

生：晚年田园生活。

师：晚年隐居生活最好，是不是就跟一天傍晚的时候最好，道理是相同的？懂了没有？

生：嗯。

师：大家明白没有？"日夕佳"，我一开始交代他人生三个阶段，就是晚年归田这20年是最好的日子，所以一天的"晚年"是什么？"日夕"嘛，"日夕佳"跟"我"晚年生活美就扣上了，对吧？"日夕佳"，晚年隐居，生活最美。

师：好，"飞鸟相与还"，"相与"是什么意思？书上没解，"相与"是一起的意思，再细致分一下，"与"就是伴，动词，"相与"是一起回来了。关于鸟，你看都是关于陶渊明的诗与文。"羁鸟恋旧林"这是上高中你们要学的，"鸟倦飞而知还"也是高中要学的，但是这三句都有鸟，第一个羁鸟，羁鸟就是笼中鸟，留恋它以前住过的旧树林子，其实笼中鸟，就是陶渊明在什么时候？

生：在官场。

师：在官场，被束缚，他留恋那个旧林，就是他旧日的田园。"鸟倦飞而知还"，鸟飞累了就知道回来，知道回来和回来还是另一回事。到最后这儿"飞鸟相与还"，真回来了，而且"相与"。"相与"既然是一起，那么起码是几只鸟啊？

生：两只。

师：两只，一只是什么鸟？一只是什么鸟？不知道？一只是男鸟一只是女鸟嘛！（观众大笑）

师：鸟不叫男女，一只公鸟，一只雌鸟，两人世界。但刚才我说了，五个儿子一个老婆，那也就是他们怎么回来的？与家人一起回来的，他不能逃离官场把老婆孩子扔在那。所以"相与还"这个味道更加温馨，"飞鸟相与还"暗喻携家归田，生活温馨。鸟儿一天飞累了，去觅食了，大鸟小鸟一起回来休息。"我"呢，晚年归隐，全家一起欢乐。所以，读。

生：采菊东篱下，悠然见南山。山气日夕佳，飞鸟相与还。

师：好，第二层，那边"采菊、见山、夕佳、鸟还"都是写景的，这边采菊表达（志趣高洁），见山表达（心境悠然），夕佳表达（晚年最美），鸟还表达（生活温馨）。前边都是在写什么呀？写的都是景，后边表达的都是什么呀？表达的是情。这情是直说的还是暗说的？暗说的，你不分析都看不出来。这就是一句名言，我说上句，看你们能不能对出下句，一切景语……

生：皆情语。

师：还行，有几个同学说。多数不知道。一切景语皆情语，国学大师王国维的名言。中国的中学生基本都知道，到具体鉴赏就不知道了。什么叫"一切景语"？就是刚才我涂红色字体的那个，都是写景物的语言，但是其实它们都是抒情的语言，只不过不是直接抒情，而是把情含在中间，含蓄的。直说就是喊口号，谁都会，懂吗？所以今后要记住，只要鉴赏诗歌，特别是古典诗歌，一切景语皆情语，真正的诗就是这样。第二层，大隐之乐，大隐的快乐，最快乐就是至境，天人合一，这就不是理趣啦，是情趣，刚才第一层是大隐之什么？

生：大隐之道。

师：大隐之道，下边怎么说的？怎么叫大隐之道啊？四个字。

生：心远地偏。

师：心远地偏，然后表达的是什么趣呀？

生：理趣。

师：理趣。而这里是情趣。

第三层，最后两句。"欲辨"想要把它说清楚，已忘言。然后"此中有真意"，真意，很多书有很多新的解释，"真"就不用解释啦，真假的真。"意"是什么？有人说"意"是意旨，太宽泛。我认为"真意"就是真的意趣。我的隐居生活里有真正的意趣，我的隐居生活是一首诗啊，有真正的意趣啊。

"欲辨"想要把它说清楚,已忘言,"欲辨已忘言"你们教材上是怎么解释的?

生:想说清楚,却不知道怎么表达。

师:想说清楚却不知道怎么表达?我对这个结论有想法。咱们不知道怎么表达还行,陶渊明怎么能不知道怎么表达呢?所以这个解释不行。有的教材还有解释成想要说清楚却"忘了"怎么说了。陶渊明一记性不好,二没有语言功夫,这就太误解啦。请看"忘言"从哪来的,从《庄子》来的。庄子说:"筌者所以在鱼",注意筌是竹字头,捕鱼的那个笼子。那么筌是干吗的?是用来抓鱼的,"得鱼而忘筌","我"抓到了鱼以后这个"筌"就不要了,懂吗?你现在抓到鱼了,该干吗了?回家炖鱼嘛,是不是?你得吃鱼去,是不是?你现在还拿鱼篓子干啥呀?所以得到鱼以后不是忘了它,是没必要,不要了。同样下面"蹄者所以在兔",这蹄是捕兽的夹子,捕兽的夹子干什么的?抓兔子的。"得兔而忘蹄",我得到兔子了,那么蹄就不要了,对不对?其实这两个类比是在说"言者所以在意",我们说话,我们用的语言,是来表达心意的,那么"得意而忘言",既然意已经领会了,"言"还要吗?不要了。什么叫忘了,什么叫不会呀?所以我的解释,"得意忘言":意趣领会了,言说就没必要了。再明确一下,既然领会了诗中的真意趣,又何必再用语言把它说清楚?而一旦说清楚,那还叫诗吗?所以这里不说,反而效果怎么样?

生:更好。

师:更好!不言之言,那是奇妙无穷啊,那才叫诗。"忘言"的效果:诗意含蓄,余味无穷;不言之言,远胜有言。请读一下"忘言"的效果!

生:"忘言"的效果,诗意含蓄,余味无穷;不言之言,远胜有言。

师:好啦,第三层,大隐之境,境界。第一层,大隐之道;第二层,大隐之乐;第三层,大隐之境。这境界就是得意忘言。这是一种诗意的境界,所以最后这"意"就是意趣。第一层理趣,第二层情趣,第三层意趣,把一、二层总合,结尾啦。原来这首诗实际上是有这样内在的联系。看看全诗的结构,饮酒(其五)结构,刚才说了,一,大隐之道;二,大隐之乐;三,大隐之境。这三个颠倒行不行?比如"我"先说大隐之乐,行不行?

生:不行。

师:那不行,先说大隐之乐,后边才说大隐之道。你得先教他道,怎么去隐，然后再去享受乐，对吧？所以这里面有内在联系，不可以颠倒。诗上没有提示，但一琢磨，它的结构是这样精美。结构精美，用赞美的话：大匠无痕。最高级的木匠，他打了个家具，你看不出那痕迹，斧子砍的痕迹都没有。这是最高级的结构。

《饮酒（其五）》
诗意饱满

大隐之道：理趣深邃。

大隐之乐：情趣盎然。

大隐之境：意趣无穷。

所以这首诗为什么流芳千古，传到了我们现在中学生的教材上，它是真正最好的诗，一起读一下，诗意饱满，读！

生：诗意饱满。大隐之道：理趣深邃。大隐之乐：情趣盎然。大隐之境：意趣无穷。

师：同学们，该你们了，现在请各位创作。我们这节课的最后一项就是写，写什么？赞美陶渊明的诗，有要求，请看：精诚，精炼，精彩，"三精牌"的微文。什么叫精诚？说真话。什么叫精炼？说短话。什么叫精彩？说有文采的话。你从小学读到现在，你所有的文采都用上，有兴趣的写诗，没有的写微文，就像现在咱们发微信、发短信似的，不要长篇大论。但是首要条件要真诚，得说真话、心里话，不署名。因为我讲评，好了我就表扬；不好呢，我要批评，可能还有讽刺，如果谁要被讽刺了，郁闷了，回家纠结了。所以我说不署名，不署名我讲评到你的，大家嘲笑了，谁也不知道是你的，你就跟大伙儿一块儿笑，这不挺好的吗？（学生观众大笑）但是今天我成立"敢死队"了，真正的"敢死队员"要署名，就是说我写好写赖，赵老师你批评表扬我都接受，我就要经历这磨炼，可以吗？但我还有一个提示，要求赞陶渊明的诗，有人写成赞陶渊明这个人，那是跑题的，别整错了。现在开始写，写完后就讲评。

（生开始写，师巡视）

师：写完的检查一遍就交，已经有人交卷啦。

（生陆续交卷）

师：现在把写完的从后面往前传，传到第一桌来，我不能都讲，但我要求你们都交。我现在要讲评了，没写好的请停住笔。首先，总体的感觉，咱们写得非常好，速度很快，而且多数同学写出了诗样的语言，尽管可能不算诗，但是努力学习诗样语言。所以我有两个选择，第一，写成诗的我要先读。第二，署名的我要先读。一说要署名，"敢死队员"增多了，口头发言大家不敢，但是笔头还是可以的。好了，我读第一篇，请注意！

赞陶潜诗

诗中有真景，景中有真意。

闻意有何意，不过隐者诗。

真景无需造，诗中已解答。

何为自然景，吾想陶潜诗。

师：怎么样？（观众、学生掌声响起）他这首诗我改一下，最后的"何为自然景，吾想陶潜诗"。陶潜的笔下已经是自然景了，你得说"何为诗意景，吾想陶潜诗"。在诗意中的景致，自然景谁都可以抒发，而带诗意的是陶渊明，这位同学叫张子尧，给他鼓鼓掌。

（生鼓掌）

师：张子尧同学，请站起来，名叫得好，诗也写得好，我就给你改一个地方，"何为诗意景，吾想陶潜诗。"坐！他就写了大概四分钟吧！再看这个，这是五言诗，这堂课发言最积极的一个女同学。

先人何道有？饮酒诵诗多。

千古多名颂，悠悠此诗说。

师：这次带押韵的呢！（观众掌声）"多"和"说"还押上韵了。先人有什么办法啊？饮酒诵诗多，一边喝酒一边作诗，千古多名颂，流传那么多，悠悠此诗说。这是她的诗说，她的见解，作者叫心彤。请站起来，大家鼓掌。（掌声）请坐！

师：这个《赞陶诗》。

千古绝唱，百年流芳。

其表赞物，内含真意。

文曲下凡，大匠无痕。

　　　　　脱离凡尘，滋享天伦。

　　师：千古绝唱，百年流芳。（众笑）先说的千古绝唱，然后百年流芳，还有好几百年哪去了？你要留着"百"，就百"代"流芳，要不就千古绝唱，"万年"流芳。其表赞物，这个诗的外表是赞美那个物，内含真义。文曲下凡，大匠无痕。文曲星下凡呐！（观众鼓掌）最后，脱离凡尘，滋享天伦。滋享天伦还行，带着一家人回去过日子了，这脱离凡尘？（观众大笑）真离家当道士去了？你还得说摆脱官场，滋享天伦，是吧？这个也不错吧？我再念一遍。结尾也押韵，是你写的吧？请站起来，鼓掌。（师生一起鼓掌）。下一个。

　　　　　菊中有情，内心释放。
　　　　　喧嚣人静，已无陶潜。

　　师：他这句话我觉得是双关，喧嚣人静，已无陶潜，陶渊明在那时候也已隐居啦，但是我觉得这话好像联系现实，现在的喧嚣人静也已无陶潜。何为情？何为意？诗中有真情，欲辩已忘言。（掌声响起）

　　师：你看，他用上了。谢凯源，请站起来，鼓掌！（掌声响起）下面这四句：

　　　　　自问心答，情景交辉。
　　　　　天人共生，悠然忘言。

　　师：自问心答，问君何能尔？自己问自己答。情景交辉，天人共生，悠然忘言。（掌声）自问心答，情景交辉。我们一般说情景交融，他说情景交辉，天人共生。这不是境界吗？悠然忘言。齐帅晨，鼓掌！（掌声响起）

　　　　　悠然如流水，其情深似海。
　　　　　古诗千万首，独尊陶渊明。

　　师：悠然如流水，这好像不太合适，其情深似海，这还可以。景中有意，意则形景。这个意就表现在景中，形状的形，文言名词作动词，可以理解。悠然如流水，其情深似海。景中有意，意则形景。小作笔便取大道之义，非要多言语，非用直叙义，便可使人感之至深无穷也，古诗千万首，独尊陶渊明。这作者好像没署名，还不好意思啊？谁？请站起来。鼓掌，再鼓一次。（掌声及笑声）

　　师：还有，几乎都是诗。

> 自古写诗喻佳人，东晋隐士陶渊明。
> 心远地偏还直喻，正如归山隐林时。
> 渊明欲辩已忘言，其为喻回但不变。
> 谁是采菊真隐士？只有东晋陶渊明。

师：自古写诗喻佳人。（观众大笑）陶渊明找着佳人了吗？他老婆不算佳人吧？佳人不是家庭的人，是美人的意思。自古写诗喻佳人，东晋隐士陶渊明。心远地偏还直喻，正如归山隐林时。渊明欲辩已忘言，其为喻回但不变。谁是采菊真隐士？只有东晋陶渊明。（师生大笑）其实吧，你最后不是写诗啦，你赞美这个人呢！这诗有点跑题啊，你看，自古写诗喻佳人，不是喻佳人了，这陶渊明也是佳人，东晋隐士陶渊明。心远地偏还直喻，正如归山隐林时。渊明欲辩已忘言，其为喻回但不变。这一句有点不通顺，谁是采菊真隐士？只有东晋陶渊明。尽管署名了，我就不读了，自己知道就行了，跑题了啊！写人了。

看这个：

> 酒后有真意，此为陶隐士。
> 豪放一壶酒，纸下非绝唱。
> 寝香草野中，实在画中游。
> 大醉诗后梦，来得后人品。
> 欲辩已忘言，真意在其中。

师：（掌声）这个他两说着，说诗了，也说人了。这个总的来说写的还是不错的，作者张翰林，请站起来，再鼓掌。你这名字不错，古代的翰林院都是高级的文人，小伙子这堂表现非常好。

师：我就专找诗来说吧，这又短又好。

> 小诗含真理，有酒非酒时。
> 借酒舒心境，小物为意指。

师：小诗含真理，真理合适吗？说对了一半，因为既有理趣还有情趣呢。所以有点偏，以偏概全。小诗有真理，有酒非酒时，这是什么意思啊？有酒就是没有酒的时候？没酒也当真有酒，那真是穷成啥样了？（观众大笑）

师：借酒舒心境，小物为意指，小的东西为意指，意就是心意的意，指是手指头的指，小物为意指，寥寥几十字，却将真理存。这是著作啊！（观众大笑）看见没有，第一句讲真理，最后一句讲真理存，什么真理？隐士的真理，是吗？说的首先是片面了，作者也署名了，我就不读了。

    此诗有诗意，舒适在言语。
    听闻已悟醒，感受已唤醒。
    仿佛在山野，心已放忧愁。
    悠然见此诗，欲言又言止。

  师：此诗有诗意，那当然了。（观众笑）我看不如说此诗有意趣。此诗有诗意，舒适在言语。舒服、闲适在言语，他觉得这个语言挺舒服的，看这形容词用得挺猛啊！此诗有诗意，舒适在言语。听闻已悟醒，我一听这诗我就醒悟了，感受已唤醒，又来了，两句说的一个意思。仿佛在山野，你上山野去了？心已放忧愁，悠然见此诗，欲言又言止。也用忘言的意思了，这个同学写出来听这诗的感受，那也可以，有点意思，我再读一遍你认真听啊。此诗有诗意，舒适在言语。听闻已悟醒，感受已唤醒。这有点重复。仿佛在山野，我听这诗我就好想在山野，心已放忧愁。悠然见此诗，欲言又言止。李文艺，给她鼓鼓掌。（生鼓掌）挺好的，请坐！

  最后一个：

    结庐在人境，为无车马喧？
    心远地自偏，为有车马喧？
    秋花落菊开，不许百花争。
    在这结庐内，悠然见南山。
    为何悠然见南山，只因山中有君意。

（师生笑）

  师：行啊，听着，结庐在人境，为什么没有车马喧？心远地自偏。为有车马喧，前面是为无，后面是为有，全是回答。秋花落菊开，不许百花争，写菊花了。在这结庐内，悠然见南山，这结庐是个动词，盖房子，在这结庐，不行啊！他采菊东篱下盖房子去，那时候屋里没有窗户，有窗户没有玻璃，都是纸糊的！见什么南山，所以你这个地方错了。为何悠然见南山？只因山中有君意，这也还行。张记容，给他鼓掌。好啦，这些我都要，但是由于时间关系不能都讲啦。

师：我们来总结一下，我写了《赞陶潜诗》。

赞陶潜诗

车马无喧，心远地宁。

采菊东篱，高洁雍容。

悠然见山，天人相融。

飞鸟还巢，归田相通。

字字景美，句句意浓。

平淡外表，绚烂内容。

（全体师生掌声响起）

师：我这涂绿色的四句都是写景，蓝色这四句都是抒情，红色的是把它们合在一起加以赞美。看啊，字字景美，句句意浓。这就是"一切景语皆情语"，然后平淡外表，语言朴素。我们读这诗不加注释你也能看个八九分。绚烂内容，意趣丰盈。来，大家一起读一遍，赞陶潜诗，读！

生：车马无喧，心远地宁。采菊东篱，高洁雍容。悠然见山，天人相融。飞鸟还巢，归田相通。字字景美，句句意浓。平淡外表，绚烂内容。

师：我这诗，前面可以忘却，后面这四句千万不要忘了：字字景美，句句意浓。一切景语皆情语；平淡外表，绚烂内容。这不是我的评价，是一个大才子的评价，那个人叫苏东坡。

师：苏东坡，大诗人、大文豪、擅绘画、会谱曲，多才多艺。但你不知道，苏东坡他也追星，他是陶渊明的铁杆粉丝，何以见得？苏东坡留下一部著作叫《和陶集》。陶渊明留存100多首诗，苏东坡喜欢他到什么程度呢？陶渊明有一首诗，苏东坡就和一首，于是便有了《和陶集》。苏东坡甚至大言不惭地说："我的前世就是陶渊明。"佛家讲轮回，陶渊明死了，我就是陶渊明转世。你想想人家这追星追的！苏东坡又说了，我们一般写作有这样一个规律，一开始写得很平淡，你们一开始是不是都平淡过？那为了追求更好，就要写得绚烂，那词啊句啊典故等等，但是到了最高层次它又平淡了，所以苏东坡就说了，陶渊明的诗就是这样的，他不是初级的平淡，而是经历了绚烂之后最终的平淡，而那个平淡是绚烂之极啊！外表是平淡的，内里是绚烂的。

所以这个结论大家得记住，再读一遍，《赞陶潜诗》，读！

生：车马无喧，心远地宁。采菊东篱，高洁雍容。悠然见山，天人相融。飞鸟还巢，归田相通。字字景美，句句意浓。平淡外表，绚烂内容。

师：字字景美，句句意浓。平淡外表，绚烂内容。下课！同学们再见！

生：老师再见！（全体同学起立鞠躬）

师：谢谢你们！（观众掌声）

· 听课回响 ·

小篇章，大智慧

安徽省合肥市第十一中学　金　琼

《饮酒·其五》篇章短小，意趣丰盈，隐含着陶渊明的大境界；《饮酒·其五》课堂虽短，情致盎然，充盈着赵谦翔老师的大智慧。

一、宣言激起千层浪，课堂开启发言潮

《"课堂发言敢死队"宣言》用幽默精准的语言直指学生课堂发言的畏缩根由，并指出非有热血之躯者不能力行，非有阳刚之气者不能力行，非有勇于斩尽怯懦不怕牺牲面子的"敢死队"精神者不能力行，激起学生上课发言的热情。看起来无关紧要的一个开课设置，却是解决语文阅读实践的重要一环——让学生敢说。过去，很多课堂包括名师课堂，都会遭遇学生不积极发言的状况，哪怕你课程设置再精彩，没有学生积极的参与反馈，这堂课也不算好课。这个开课设置独一无二，非长期坚守一线热爱教育者不能得此，诚如赵谦翔老师自己说的："我是中国最爱教语文的老师！"

赵老师，七旬老者，却有着十八少年的激情，用自己精妙风趣的宣言点燃了学生课堂学习的激情。这一设计难道不是智慧的吗？

二、读、赏、思三位一体，情、理、意自然生成

这首《饮酒·其五》表达的是陶潜的隐逸情怀，而诗中的景与意似全在

一偶然无心上，那么浑然一体。赵老师的整个执教过程，从音趣、情趣、理趣，循循诱导，适时点拨，又是那样的不露痕迹，自然生成。

在"音趣"的体验中，赵老师告诉学生，只要读响"喧""偏""山""还""言"这几个字，音趣自然产生，他鼓励学生一遍一遍地读响它们。听课的我也试着这样朗读，发现真的有不一样的感觉，这让我耳目一新，当时我就在想我要是赵老师的学生多好，多有趣的读法。

更妙的是，在赏析"结庐在人境"一句时，赵老师突然展出"人境之上（　　）境，人境之下（　　）境，人境之平（　　）境"，通过"仙境、鬼境、野境"三词，立现人境之别，这就是道家的"小隐于野，大隐于市"，点出陶渊明的大隐之道，点出隐士文化的发展，对比终南山之隐士和北京城之杨绛，进一步引导学生对"静心审美"的大隐之道的认识。这个过程都是在学生理解"大隐隐于市"的境界之后，给予学生的顺势点拨，没有做过多的讲解，却让人如醍醐灌顶。

在"采菊东篱下，悠然见南山"两句的赏析中，赵老师仅撷取"菊""悠然"两词。一让学生从"菊"之凌霜绽放，不与群芳争艳中体味与世无争、清高自守的隐士情怀。又让学生试着用几个词具体描述陶渊明的"悠然"之感。"慢慢悠悠、轻轻松松、自由自在"是那么质朴形象地带领学生走进诗人，与诗人一起"悠然见南山"，于是"山气日夕佳，飞鸟相与还"的晚年携家归田的温馨生活也就自然呈现在眼前。随后，赵老师拈取李白的"相看两不厌，只有敬亭山"和辛弃疾的"我见青山多妩媚，料青山见我应如是"，点明这是天人合一、物我两忘的审美至境。"情趣"的品与赏就在赵老师智慧的提炼和恰如其分的信口拈来中慢慢渗透。

"理趣"的感悟通过庄子"筌者所以在鱼，得鱼而忘筌；蹄者所以在兔，得兔而忘蹄；言者所以在意，得意而忘言"的阐释，学生明白了忘言效果乃诗意含蓄、余味无穷、不言之言远胜有言的文学意趣。

如此的于精读赏思中，引导学生体悟隐士文化之精髓，在恰当的时间提炼升华，将形象的语言化为智慧的哲语，这期间需要教师多少的机变和善导！

一堂好课，不在于轰轰烈烈，更不在于巧言善词，只在于余音绕梁，回味无穷。赵老师的这节课，没有多少花样形式，非常本真原生态的读、赏、思。但不经意的悬问、总结、点拨、拈取中，一个影响人生境界之"结庐在人境"的田园之境，悄然无息地渗进学生的生命里。而我听完只觉得"此中有真意，欲辨已忘言"。

咬文嚼字求真意　诗意人生大道存

河北省保定市徐水综合高中　刘海英

第十届名家人文教育高端论坛暨名师课堂研讨会，促成了我的济南之行，让我走进了全新的生命境界，而其中赵谦翔老师的公开课《饮酒·其五》（陶渊明），更是让我醍醐灌顶，知道了什么是"绿色语文"，什么是诗意人生。

陶渊明的诗，大多简明朴实、平淡自然，对学生而言相对简单。因此，在以前的教学过程中，遇到他的诗，总觉得没太多东西可讲，所以，听说赵老师要在公开课上讲这首诗，就一直琢磨，这能讲出啥呢？可在听了赵谦翔老师的课以后，才知道，原来，再简单的诗也有文可咬、有字可嚼且大有深意！真是"此中有真意，我辈功夫浅"啊！

上课伊始，赵老师便亮出了《"课堂发言敢死队"宣言》："课堂发言好处甚多——一利激发兴趣，二利开动脑筋，三利锻炼勇气，四利检验见解，五利训练口才，六利培养自信，七利促进参与，八利激励老师，九利增进友谊，十利提高效益。然而如此有利之美事竟被众多学子视为畏途，不敢问津。病根何在？一曰懒，二曰怕，三曰浮。懒者，学习之奴隶：师问我等，师讲我听，师写我抄，一切被动。如疲牛耕地，驽马驾车，非鞭策再三不肯稍动。如此甘当'厅长'，乐为'抄工'，虚度三秋，岂能有我？怕者……"语言诙谐灵动，一针见血，足见赵老师功底深厚，对学生了解深入，也正因如此，他对教材的把握才那么入木三分，对课堂的调度才那么游刃有余。

学生的激情被调动起来了，赵老师和学生一起学习《〈饮酒二十首〉序》，了解陶渊明的相关状况，为学习《饮酒·其五》做好了铺垫和准备工作。这也正是赵老师提出的：先知其人，再知其事，后赏其诗。接着，出示全诗。

其中所有的韵脚都用绿色与其他文字的红色区别开来——对于重点字词用不同颜色进行标识以备突出，是赵老师这节课的特点之一，用意深远，我们慢慢体会。

首先，是"体验音趣"。学生齐读此诗，然后，赵老师指出：加大音量，重读绿色的字。学生再读，再读，反复读。终于，古诗音韵特点朗然呈现。咬文嚼字，从这里开始！

第二步，"赏析意趣"。"意趣"既有"情趣"，又有"理趣"。赵老师说，这需要用心反刍每一个字，这叫"品味"。

他将全诗分为三层。第一层，"结庐在人境，而无车马喧。问君何能尔？心远地自偏。"其中用绿色首先突出了"结庐""人境""尔"，既有对重点字词的词义解释，更有对其深层含义的挖掘。例如，"庐"字，意思是"简陋的房屋"，如"三顾茅庐"。问："为什么陶渊明建的是陋室，而不是别墅呢？"巧妙的一个换词法，激起学生热烈的讨论和交流，引导学生理解了陶渊明意在田园山水而非广宅华屋，身居陋室却心志高洁的高贵灵魂。这对第一个词的咀嚼，就让我自惭不已，这是我平时教学中所不曾关注的，究其缘由，不只因为陶诗简单，更主要的还是自己文学底蕴不够，不知道这里看来普通的一个字，竟有如此深意，更不知道，所谓咬文嚼字是这般操作，所谓反刍只为真意！

咀嚼的第二个用绿色标出的词就是"人境"，这也是我不曾注意的，原来也是大有文章。这里，赵老师也用了换词法，问："什么是人境？为什么在人境而不是在深山？"经过讨论交流，引导学生将"人境之上（仙境）""人境之下（鬼境）""人境之平（野境）"做比较，从而引出关于"大隐之道，心远地偏"的理趣和对绵延至今的隐士文化的介绍。接下来，组织同学们讨论"何谓'车马喧'"这一问题，并将其拆分为"车马（指官场）""喧"，逐字逐词咀嚼出陶渊明"远离官场远离名利，而能心远地偏静心审美"的生命境界，让我们深入地理解了真正的隐士精神、高洁志趣。就此，还向学生们推荐了关于探讨"终南山和北京城"的阅读书目。相信，同学们通过阅读，会对我们中华几千年的文化追求和精神追索有一个更深入更立体的感受与思考。

第二层，"采菊东篱下，悠然见南山。山气日夕佳，飞鸟相与还。"同样用绿色标出的词语是"菊""悠然""日夕",赵老师提出的问题分别是"'菊'换成'花'可以吗?""试用几个词具体描述陶渊明'悠然'的感觉""'日夕佳'有何寓意?"在学生交流的过程中,赵老师还引导学生联系屈原《离骚》中关于"菊"的诗句,理解"菊"这一诗歌意象的含义,品味陶渊明的与世无争、清高自守的隐士情怀。而在对"悠然"和"日夕佳"的咀嚼之后,让我们一起重温了辛弃疾"我见青山多妩媚,料青山见我应如是"的人山互赏和超然忘我,跟随陶渊明走进了"悠然见南山,南山见悠然,南山与诗人相见悠然"的人山一体、自由于天地的生命境界,而这也正是庄子所说的天人合一物我两忘的精神自由的最高境界。

　　默然玩味,心下细思——所有这些具有高度哲学意义的分析与体验,哪一个不是从最基础的咬文嚼字出发的呢?

　　回头看诗,当我们真的进入诗人所得的这一境界之后,所有的语言都是无力的、苍白的,更是多余的。所以,陶渊明在诗的最后说:"此中有真意,欲辨已忘言。"至此,在赵老师带领学生品味"忘言"一词的时候,我早已"忘言"——我们已经在不知不觉之中跟随赵谦翔老师从第一层的"大隐之道"、第二层的"大隐之乐"走到了诗的第三层:"大隐之境——得意忘言。"真的是大匠无痕啊!陶渊明做到了这一点,赵老师同样做到了这一点。这时,我只想说,"得鱼而忘筌""得意而忘言",面对陶诗,我们如此;面对赵老师的公开课,我们更是如此!因为陶诗,因为赵老师,我们完成了一次生命的诗化与升华!

　　课堂接近尾声,听课的老师们都点头咋舌,妙赞不已,准备下课,但出乎意料,高潮又起——赵老师让学生完成一个课上作业:写一段微文或小诗来"赞陶潜诗(提示:是赞诗,不是赞人)",要求是,精诚、精炼、精彩。(加点字仍用绿色突出,提示学生,对题目要求也要咬文嚼字)学生在经过几分钟的准备之后上交作业,老师当堂点评。每一份作业,赵老师都能精确抓住学生的精彩用字和不当用字,或大声称赞或改一字而传神,让听课的老师们惊叹不已,也再一次让我感叹——咬文嚼字,大有深意,阅读写作,一以贯之,长此以往,受益终身!

　　精彩的课堂,在学生齐声朗读赵老师写的结诗中结束:车马无喧,心远地宁。采菊东篱,高洁雍容。悠然见山,天人相融。飞鸟还巢,归田想通。字字景美,句句意浓。平淡外表,绚烂内容。

是啊!绚烂至极归于平淡,平淡是最绚烂的风景。赵老师的课,实、简、活、明,正如他对自己所倡的"绿色"诗歌鉴赏的描述:读诗要"忘我",才能感受诗歌的意趣;咬文嚼字,不是像孔乙己讲究"回"字的几种写法,是为了获取"文趣";诗歌鉴赏是为了诗化生活,让生活充满诗趣。而他的课堂正是这一理念的完美呈现。

而我,通过这节课,检视了自己,升华了内心,真正领悟了赵谦翔老师的语文教育思想的大境界和至真大道——将教语文与教做人完美统一,实现"教绿色语文,享诗意人生"!

·课堂实录·

《〈红楼梦〉导读》课堂教学实录

执教：董一菲

师：好，孩子们，上课。（生起立）

师：同学们好！

生：老师好！

师：请坐！有一位学者说过这样一句话，他说，《三国》是一部智书，"智慧"的"智"；《水浒传》是一部怒书，"愤怒"的"怒"。孩子们，你们想一想，如果让你用一个字来评价《红楼梦》，你会说什么呢？

生：情书。

师：情书，好一个情书！在中国古代价值观的天平上，有各种各样的砝码。但是，五千年的岁月，五千年的文化当中，仅缺少的，最缺少的便是那一个字"情"。好一个情书！孩子们，再想啊，一个学者说：《三国演义》是智书，《水浒传》是怒书，那么让你们用一个字来评价《红楼梦》，你会说些什么呢？方才这个女孩子脱口而出"情书"。《红楼梦》是写给中国文化，写给中国女子，写给中国五千年泱泱世界的一份情书。此外，还有什么样的理解？有没有其他的想法？它道尽了一个"情"字，此外呢？还会是什么呢？

师：（鼓励生）没关系，好，可以想，你来说一说。

生：批判。

师：批判之书，没有批判就没有重建，恐怕他就是这么想的。读一部书，尤其是读一本小说，同学们都知道，小说讲究三要素，哪三要素？好，我们一起来说，小说三要素有什么呢？

师、生：（齐）人物，情节，环境。

师：在人物、情节、环境这三要素当中，重中之重，当然是那……

生：环境。

师：你认为是环境，其实是人物。今天我们走进《红楼梦》当中的女主人公——林黛玉，看看作者是如何写了这样一个奇异的女子。

（PPT展示：林黛玉的姓名，故乡，花语等暗示象征了什么？）

师：好，如何写黛玉，写出一个不寻常的她？就像方才这位女孩子说的，要批判。因为，在漫长的封建时代，女子从来都是没有地位的。那么在《红楼梦》当中，曹雪芹如何塑造出一个别样的她？看屏幕。

（PPT展示）

师：林黛玉的姓名、故乡、葬花、焚诗、生日、花语、居所。据说，在遗失的《红楼梦》后四十回当中还有一个榜，称之为情榜，在这情榜之上，黛玉分明写着"情情"。好了，孩子们。任选一个，想一想在这里有怎样的暗示？又有怎样的象征？随便说一个吧，先说名字，她姓什么？林黛玉，她姓什么？

生：姓林。

师：哦，姓林。是那山林之中、山野之中，是那木秀于林，是那清水出芙蓉。姓林，她就不姓金，她姓林。好，黛玉的名字叫什么，孩子？（提问生）

生：林黛玉。

师：是黛玉，用"黛"组个词，你最容易想到的是什么呢？山如远黛，何为远黛？女子的眉毛。这一点，孩子们，让我们一起回溯。回溯中国古代文人写女子，往往不写那眼睛却写那眉毛。黛玉，是用来画眉的，是女子画眉的一块玉。玉，石之美者。有这样一个女子，有这样一个名字的女子，她会是一个什么样的女子？好，我讲讲她名字，接下来，任选一个去说，好吗，孩子们？

师：好，你来说，你有什么样的想法。起立，让下面老师都看见你，好吗？

生：（起立）林黛玉的生日是……好，我看一下。（低头看笔记）

师：生日，你都知道。一定是农历，好的。

生：农历的二月十四是花朝节，他在文中写这个也寓意着她跟花神是同一天生日。

师：哦，中国古代的文化又是深厚的。黛玉的生日，我纠正一下，农历的二月十二——花朝节。黛玉出生在这一天，是花朝节的这一天，她是花仙子，百花之群主。花，女子也。大观园，无数的青春的女子，无数的诗一样的女子，美的象征的女子。谁是花主？曹雪芹说，我们一起说，林黛玉。他是直接说的吗？

师：没有，那他直接说的是谁？有着倾国倾城之貌的，不是黛玉，而是？

（生沉默）

师：不知道是谁吗？应该是谁？

（生摇头不知）

师：这本书没有来得及读，所以我们称之为导读。是薛宝钗。不要看作者写出了什么，读书的时候一定要看作者没有写出的那部分。他说宝钗有倾国倾城之貌，任是无情也动人，艳冠群芳，这是直接写的。但他却说黛玉生于……（鼓励生一起说）

师、生：（齐）花朝节。

师：生日。再看看黛玉的故乡，黛玉的姓名，黛玉的最美的细节——葬花。黛玉临终之前，先焚诗稿。她的生日，她的花语，她的居所，她的谥号是两个字——情情。好了，孩子们，想一想，你想说点什么呢？一定有很多的话要说。

师：（鼓励生发言）可以，一定可以。随便选一则，没有的你也可以说的。

生：我想说的是，她的故乡在苏州。

师：她的故乡是在苏州，（针对生的回答鼓励）太好了。苏州，为什么要说黛玉的故乡在苏州？

生：因为我觉得那是一个非常美丽的地方。

师：非常美的地方。

生：因为那里有非常多的故事。

师：那么多的故事。黛玉是一个美丽的女子，黛玉是一个有故事的女孩儿，是一个有故事的女儿。你所读出来的，你是曹雪芹的知音。正如张爱玲所说，因为懂得所以慈悲。好的，哪位同学可以继续说呢？苏州是水城啊，还记得宝玉的名言吗？女儿是……

生：（齐答）水做的。

师：大点儿声，我们一起说。（师生齐答）

师：女儿是水做的骨肉。黛玉来自苏州。那一片吴侬软语，小桥流水，那一片杏花春雨的江南是黛玉精神生命的背景。你懂得，好，继续。黛玉的故乡，黛玉的姓名，黛玉的葬花，黛玉的焚诗，黛玉的生日、花语、居所及情情。你还想说点儿什么？

师：来，孩子，你端正地坐在这里若有所思，你觉得哪个词有一点可以说的，起立是最好的。

生：黛玉的花语是芙蓉花。

师：（惊叹地说）你居然知道黛玉的花语是芙蓉花，那么老师想追问，芙蓉花有水芙蓉和旱芙蓉。你想，黛玉应该是水芙蓉还是旱芙蓉？

生：（斩钉截铁）水芙蓉。

师：理由是？

生：因为她说过，女人是水。

师：女儿（师疑问），宝贝想想，女人、女子、女孩儿和女儿是有区别的，你同意吗？

生：同意。

师：女儿为什么好？

生：女儿比较纯真。

师：你读出了纯真，纯洁，那份真正的青春。你知道吗？《红楼梦》在翻译成俄罗斯文学作品时叫《青春梦》。你懂得，她的花语是水芙蓉，回答得多好！那么想问所有的同学，《红楼梦》当中的花语，还有一个人也是芙蓉花。宝玉曾经给她写过《芙蓉女儿诔》。这个人是谁？好，先放在这里。这个话题远了，但是大家继续想，我们研究了黛玉的姓名，她的生日，她的花语，此外呢？还可以补充的，孩子们。我想叫一个男同学来说。作者曹雪芹的性别，大家一起告诉我，大点儿声。

生：（齐）男。

师：来，孩子。随便谈一谈，你不会的，咱们可以探讨一下，都是可以的。能不能看清（屏幕），看不清就看你的笔记。看不清？右侧的读一遍。

生：生日、花语、居所、情情。

师：居所。在《红楼梦》的大观园当中，林黛玉住在什么地方，记不记得？住在什么地方，大家一起说。什么馆？大点儿声。

生：潇湘馆。

师：潇湘馆。潇湘，我们是懂得地理的。潇湘在哪里？现在的湖南、湖北。林黛玉来自苏州，为什么她的居所叫潇湘馆？为什么叫潇湘馆？谁能告诉我？好，孩子，咱俩探讨一下。

师：潇湘馆，黛玉的潇湘馆最多的植物是什么，有没有印象？大点儿声。

生：竹子。

师：是一般的竹子吗？我们都见过青青的翠竹，松、竹、梅，岁寒三友的翠竹。黛玉的潇湘馆的竹子是什么样的竹子？有没有印象？你可以坐下。

师：斑竹，能不能把"斑"写一下，孩子？"斑"应该怎么写，它的偏旁是什么？

（生起立沉默）

师："斑"不会写了，"斑点"不会写了？

生：王字旁。

师：那不叫"王"字旁，"王"字中间那是什么旁？那是带花纹的。这个文是花纹，想象一下，什么形状的花纹，孩子们？

师：泪滴的花纹，有这么一句话，一枝斑竹千滴泪。千滴泪，潇湘馆有竹影潇潇，有无数的斑竹，百千万杆。为什么，为什么，为什么她要住在这里？还记得妙玉的栊翠庵吧。妙玉的栊翠庵，白雪之中，红梅怒放。妙玉是一株红梅，对吧？好了，我想这个问题不难了。好吧，我叫同学来说。请，好吗？

师：为什么是湘妃竹？为什么是斑竹？上面为什么有眼泪，孩子？

（生沉默）

师：带着这个问题我们读《红楼梦》，为什么上面要有眼泪啊？

生：因为林黛玉在《红楼梦》中以柔弱的形象出现。

师：柔弱的形象，好一个柔弱，她的眼泪为谁而流？

师：借用艾青的诗，你一定会背——为什么我的眼中常含泪水？

生：对他的情。

师：好，你想直接仿词。你可以把原诗背下来。咱俩一起来一遍。

师：为什么我的眼中常含泪水？好，大家一起来。

师、生：（齐）因为我对这土地爱得深沉。

师：好，仿词。为什么林妹妹的眼中常含泪水？

生：因为她对贾宝玉爱得深沉。

师：帅得不能再帅，就是这样，是吧。就是这样，于是今生，黛玉就在潇湘馆。前世，黛玉是谁？三生石畔，她曾经是谁？大荒山，无际涯，青埂峰下，灵河岸边，黛玉曾经是谁？

生：绛珠草。

师：好，读书了，只是这个书，这个字不太认识。绛，钱钟书的夫人——杨绛。绛是什么颜色的？

师：深红色。绛珠，你能想到什么？绛珠，红色的珠子，是泪滴，更是相思的血泪，这个洒不完的相思血泪抛红豆。好了，不说了，孩子们。这是前世的居所，再看。写一个人，孩子们抬头。我们研究一下，《红楼梦》四百多个人物，它的主人公是一个诗一样的女孩儿，画一样的女孩儿，神仙一样的女孩儿，如何写的？正面描写终有揭示，侧面的描写才是最大的不写之写。写美女，写惊才绝艳的美女，古今中外的诗人都用这样的手法。还记得白居易笔下的杨贵妃吧！怎么写，大家一起来（回答）。

师、生：（齐）回眸一笑百媚生，六宫粉黛无颜色。

师：这就叫衬托，这就是从侧面写起，这就是暗示，这就是象征。汉武帝时期的音乐家李延年，他要写一个女子的美。他这样写，一顾倾人城……

生：再顾倾人国。

师：即使是希腊神话中的第一美女海伦，如何写海伦之美，诗人荷马如此写，他说一个德高望重的长老。大家听好，德高望重可见不是好色之徒。在为海伦已经进行了十年的特洛伊战争之后，他登到城墙之上，看到了绝色的海伦。此时的作者宕开笔墨，绝不直接写海伦之美。他说法老如此长叹——为这样一个女子再打十年仗也值得。这是怎样的美？记住了，好，对于林黛玉的介绍，作者极尽曲笔，暗示，点染，象征，隐喻。继续看，她的故乡在苏州，她的故乡在灵河岸边，她的名字叫林黛玉，她出生在花朝节，水芙蓉、荷花是她的花语，她住在有着斑竹的潇湘馆。还有吗？当然还有，黛玉为什么要葬花？经典的细节永远是，孩子们，无论是短篇小说还是长篇巨作，细节永远都是最重要的。《安娜·卡列尼娜》的作者是谁？

生：列夫·托尔斯泰。

师：列夫·托尔斯泰。他也要精选细节啊，什么样的细节？安娜要出席一个晚会，他不写安娜怎样到橱柜里去挑选衣服，他写基蒂。基蒂青春妙龄，她打开自己的衣橱，翻拣所有的裙衫，最终她选择了一个什么颜色的，孩子们？（师举起一个藕荷色杯子）

生：藕荷色。

师：这样一条裙子把基蒂衬托得无比妩媚显眼。她就到了舞会的现场，当看到安娜，安娜只穿了一袭黑裙，所有的美尽显，基蒂藕荷色的衣裙和她的青春同时黯淡了。所以安娜的黑裙，这是细节。《红楼梦》有大量美的细节，再看为什么黛玉的经典细节便是那葬花呢？花，代表什么呢？我相信同学们是懂得的，好，提问了，后面的同学，叫个男同学来说，为什么要葬花？

生：林黛玉爱贾宝玉，但是，没有"有情人终成眷属"。然后，林黛玉就葬花了。

师：是一个会读书的孩子。同学们，为什么说他是一个会读书的孩子？万变不离其宗，所有的人物，所有的细节，都是为主题服务的。当然有人会说，林黛玉为自己举行过两次精神的葬礼。一次葬花，一次焚诗稿，都是悲剧的前奏。当你读到这里，你会知道这是一个悲剧的故事。花，美好的事物。黛玉葬的是花，又何尝不是葬自己？方才同学们不说了吗，黛玉是花仙子，生于花朝节。她葬花，葬的就是自己。记得董老师的PPT的封面上写着一首诗，选自《葬花词》，那句诗还记得吗？我看谁的观察到位了。记不记得？一晃而过的，是不是？孩子，咱俩一起完成。

生：（师生合作）天尽头，何处有香丘？

师：这是判黛玉的天问地问。屈原有一首长诗叫《天问》，《葬花词》是黛玉的生命之问。"天尽头，何处有香丘？"在这个世界上是否有我的家园，我打人间走过一朝，这黑暗的贾府，这黑暗的人间，留不住这花仙子，留不住这林黛玉。她要回到这曾经的过往，曾经的灵河岸边做她的那株绛珠仙草。那个林，还于林，隐于山林。这就是一种批判，无声的批判，这就是呐喊，无声的呐喊。这个时代，这个社会，没有女子生存的空间。聚了，最终散了。好了，孩子们。情情啊，情情。宝玉的谥号据说更好玩，孩子们想知道吗？想不想知道？

生：想。

师：黛玉叫情情，那宝玉叫什么？情不情。能不能理解？为什么她是情情，他是个情不情呢？猜猜看，《红楼梦》是个谜，米洛斯的维纳斯一样，它是残篇的，它是一个大的隐喻，它是我们这个中华民族一场沉沉的大梦啊。所以都可以猜，来，孩子。

师：黛玉是情情，我翻译一下，你就懂了。黛玉的情情，黛玉要爱她值得爱的，那么，宝玉呢？

生：爱他不爱的。

师：爱他不爱的。那就是说，所有的这一切，这个世界上所有的一切，宝玉都是爱的。《红楼梦》是一部女儿书，再进一步说。黛玉是爱她值得爱的人，宝玉是爱他……后面用个，中心词是女儿、女孩儿，你怎么说？

生：女儿。

师：所有的，是吧。下至丫鬟，包括傻大姐，他都要爱护是吧？他是真正的护花使者，记得前生吗？前生前世，当黛玉是一株绛珠仙草的时候，宝玉是什么？

生：石头。

师：没错，是块石头。神瑛侍者，他是女子的侍者。他用他的大悲悯、大情怀，爱着这些女孩儿。在那个时代，女子是没有地位的。她们只能生在被摧残、被侮辱、被践踏的时代。宝玉情不情，一起说。

生：情不情。

师：是的，好了，孩子们。

（PPT展示）

师：孩子们不知道宝钗是谁？这事让我很纳罕。是吧，在这里，课件是这么说的，宝钗距离黛玉有多远啊？双峰对峙，二水分流。如果说宝钗是山，那么黛玉就是水。如果说黛玉是冷的（面冷），那么宝钗就是热的（面热）。你还有什么样的想法？

师：她们两个人实在是难解难分，思考一个问题，这是什么？这叫判词，判词出现在《红楼梦》的第几回？告诉我《红楼梦》有多少回？总共多少回？

生：（小声）一百二十回。

师：一百二十回。为什么？有点不好意思，所以小点声。《红楼梦》一百二十回，在第五回出现判词了。女孩子的命运啊，十二金钗啊，正册副册啊，所有女孩子的命运都写在了这些诗里了。宝玉是最先看到的，因为他做了一个梦，来到了太虚幻境，看到了这么多的诗，他不懂写的是什么。

（PPT展示：黛玉的才与情。可叹停机德，堪怜咏絮才。玉带林中挂，金簪雪里埋）

师：问个非常难的问题，孩子们。十二金钗，多少钗？多少个人？多少个女孩子？

生：十二个。

师：太聪明了。答对了，非常好。好，下一个问题，一定要动脑筋回答我。十二金钗有多少篇判词？

生：十二篇。

师：恭喜你，答错了。十一篇，为什么？两个人，主人公，女主人公分别叫？

生：林黛玉和贾宝钗。

（师生哄堂大笑）

师：薛宝钗。没关系啊，因为我希望这节课能达到一个效果，董老师就善莫大焉，回去以后对《红楼梦》有点儿感兴趣，想去读就可以。事先没有读很正常，我们没有时间。

两个女主人公居然用了一篇判词，不符合我们的常理，没按常理出牌。正常的情况下，主人公应该是一人一篇，甚至一个人有多篇判词，对吧？但是，却钗黛合一了。我读一句，你看看是薛宝钗的呢，还是林黛玉的呢？这个问题不大。

师："可叹停机德"写谁？

生：宝钗。

师：宝钗。你怎么一下子就猜对了呢？理由是什么呢？

生：我是觉得……

师：封建时代重女子的什么？有一句非常非常充满侮辱性的话叫？女子怎么样就是德？

生：女子无才便是德。

师：在封建时代就是这样，给女子裹上小脚，三寸金莲，一种病态的美。你大门走不出，二门走不入。囚禁在一个金丝笼里，甚至这个笼未必是金丝笼，这就是那个时代的女子。可叹停机德，宝钗有德，没错。堪怜咏絮才，这一句写得是谁呢？

生：林黛玉。

师：真聪明，理由是什么？

生：就是因为林黛玉写葬花词，还写了焚诗词。

师：林潇湘夺了诗魁。对吧，咏絮才，女子诗才也。同学们学过《世说新语》的《咏雪》吗？课本里是不是有？就不再多说。咏絮才，他用了一个典。玉带林中挂，来，孩子，写谁呢？

生：林黛玉。

师：怎么看出来的？

生：因为看到了一个玉。

师：只看到一个玉？

生：林，带（黛），玉。

师：都看到了，真具有慧眼！慧根不浅，玉带林中挂，蟒袍玉带此时却挂在林中，悲剧命运也。金簪雪里埋，孩子，写谁呢？

生：薛宝钗。

师：理由是？

生：因为金簪就是薛宝钗。因为是一种明媚的美，就是金簪是宝钗。

师：金簪，金钗也。那么金簪、金钗应该戴在贵族女子的头上，此时却……

生：雪里埋。

师：请坐。"雪"谐音"薛"，丰年好大雪，珍珠如土金如铁。是吧？这是护官符里的，好了，大家懂了。黛玉和宝钗这两个绝色的女子，极品的女子，是这样的互补啊。黛玉获得了宝玉的爱情，宝钗获得了宝玉的婚姻，人世间到底是美中不足。今发现，这就是人生啊，人生没有那么完美的，没有完美的女子。当钗黛合一的时候，才是兼美。还记得古希腊神话吗，孩子们？希腊神话的爱神叫什么名？

生：维纳斯。

师：维纳斯她嫁给谁了？一个爱神呐，爱神，掌管爱情之神呐。孩子们，她嫁给谁了？你想让她嫁给谁？

师：这就说远了，她嫁给了火神。火神的造型很像卡西莫多，卡西莫多懂吗？当然懂了，《巴黎圣母院》里的敲钟人，腿瘸掉了，眼睛瞎掉一只。这就是人生，人生没有完美。《红楼梦》是一部人生之书，美之书，情之书，爱之书，哲理之书。好了，回过头来大家再看刚才的问题。

（PPT展示：宝钗距离黛玉有多远？）

师：可以填词吗？黛玉和宝钗有多远啊？它是那一山一水，水绕着山，山环着水，可能说反了。它就是那一冷一热，热中有冷，冷中有热，内热外冷，外热内冷，这就是辩证，这就是中国的哲学。还记得塞翁失马吗？好，那就继续想。如果宝钗就是那山，黛玉就是那水，如果宝钗是那热，黛玉就是那冷。请你继续填，言之有理就可以，没有固定的答案。

师：我想想让谁回答问题。

（师提问，生没想好）

师：等你想好了，再告诉我。好像还没有想确定。董老师想这两个词也是很努力才想出来的。孩子们要当堂想出来，那真是太有才了。

师：你呢，孩子？

生：没想出来。

师：没事儿，因为没有读过原著。咱们说得再俗一点，孩子们。宝钗像谁？像四大美女当中的谁？稍微丰腴一点儿的，杨贵妃，好。黛玉像谁？西施，好。那你是不是有很多的想法了？一定是的，我又来了，可以吗？

生：一朝一夕。

师：（赞叹道）哎哟，太有感觉了，你怎么想到得呢？怎么能想到一朝一夕呢？把人物都时间化了，这是大浪漫，大情怀。大诗意，解释一下。

生：我觉得宝钗，她就是那种像"山"像"热"。

师：像朝阳对吗？

生：像朝阳。黛玉就非常"湿"，像黄昏。

生：对，就是，像夕阳那样。

师：你能想到这一点，你真是太有才情了。为什么《出塞》这首诗成为七绝诗的压卷之作？会背吗？开始，一，二——

生：（齐背）秦时明月汉时关，万里长征人未还。但使龙城飞将在，不教胡马度阴山。

师：是的，为什么压卷了？时间的东西空间化，"秦时明月汉时关"，翻译过来，秦朝汉朝的明月和关卡呀，互文了。一朝一夕，这个真是太好了。董老师也受教了，课堂就是我们共同成长的地方。孩子们，我们不要拒绝成长，要用顽强的生命力去成长。你呢？可以吗？眼睛瞪得这么炯炯有神。

生：一俗一雅。

师：我爱你，真好。解读一下。

生：因为我觉得宝钗和黛玉都是好人。

师：这话怎么说得这么红楼梦呢，太红楼梦了！因为曹雪芹绝不会褒贬人物，他永远像镜子一样去照进宝钗和……你告诉我。

生：黛玉。

师：是那么客观，绝不会简简单单地对谁进行道德上的评判，那是小儿科，小儿语。小的时候，你看电影，是不是出来一个人，你会问爸爸妈妈，这是……

生：好人还是坏人。

师：就是啊，多么简单。你却说一俗一雅，好，你接着阐释。

生：（疑问）说啥？

（底下哄堂大笑）

师：一俗一雅。

生：雅俗共赏。

师：难以分割开的正面和反面，这就是黛玉和宝钗。知音呐，真好。一俗一雅，大俗大雅，雅即是俗，俗即是雅，雅中有俗，俗中有雅。帅呆了，继续啊，你们可以举手啊，我还得观察表情。看谁眼睛亮，是吧？看，都挺亮的，此时。那我绕过去了，说得真好。

生：我觉得是一喜一悲。宝钗是喜，黛玉是悲。

师：还是那个道理，悲中有喜，喜中有悲。有一种剧本叫悲喜剧，是吧，乍喜乍悲，读《红楼梦》一定是这样的，孩子们，宝玉娶亲，喜也；黛玉离世飞升离恨天，悲也。肯定是同时写的，这就叫艺术的辩证无往不胜。（表扬学生）厉害，有丈夫气。继续，我就想听男同学说。

生：我觉得一日一月。

师：解释一下。

生：因为两位日月同辉。

师：叫我如何赞美你，真的太好了，孩子们！如果说宝钗是那太阳，那么黛玉就是那皎洁的月光，一日一月，日月同辉。这一句话说得太棒了，你是懂得的，曹雪芹写《红楼梦》是给懂得他的人，满纸荒唐言，一把辛酸泪，都云作者痴，谁解其中味。你懂的，你们懂的，我们懂的。好。我们继续啊，一朝一夕，一悲一喜，一日一月，这就是诗，最简练的诗，诗经式的诗，四言也。谁还能说？孩子们特别是得《红楼梦》之精髓，是吧？含蓄蕴藉，绝不举手，靠观察，我像读黛玉一样读你，我努力，我加油！（走到一个同学身边）来，宝贝。

生：我觉得一明一暗。

师：说下去。非常好！

生：我觉得明暗，一个明一个暗，我觉得……明暗……她们两个人有自己不同的那种……

师：不同的特质，其实我都听懂了，一明一暗啊，孩子们，看过我们民族智慧的集大成阴阳鱼吗？见过吗？是不是此消彼长，一阴一阳，一明一暗。一阴一阳谓之道，一阴一阳谓之钗黛和也。真好，孩子们，我发现现在我读孩子们的能力在提高，读你千遍也不厌倦，读你的感觉像读《红楼梦》。（走到一个女同学身边）

生：一花一叶。

师：（点赞手势）太好了，一花一叶总关情，一花一世界，一叶一世界。是花衬托了叶还是叶衬托了花？这是永恒的天问，回去细读《红楼梦》，你还有更大的发现，今天就是小试身手就如此了得，将来的发展也未为可知。我仿的是"红楼梦式"的句式，你们听懂了吗？有同学说，你这是"甄嬛体"，"甄嬛体"从哪来？源头在哪里？一起说！

生：（齐）《红楼梦》。

师：好吧，曹雪芹是这样的，同学们一起看，全班齐读，一起读，能不能看见？只读第一行，曹雪芹不言志，起——

生：（齐）曹雪芹不言志，不载道，只缘情。

师：好。非常好！文以载道诗言志。这是孔子的定调，孔子就是这样定下的调，诗言志，文以载道，但是曹雪芹对两千年或五千年甚至七千年的文化，他说不，不，我今天只言情。所以开篇啊，孩子们就那么有慧眼，如果说"三国"是一部智书，"水浒"是一部怒书，那么"红楼"就是一部情书。你是原创的，所以在这里，他就要言情，《红楼梦》的曲子词开篇一句，是这样问的：开启鸿蒙，谁为情种？这种背叛，这种叛逆，这种离经叛道，需要怎样的智慧和勇气，需要怎样的悲悯与情怀！大家看，"三国"王侯将相的书，为王侯将相立传；"水浒"写无数的绿林好汉，那一片纯色的男子的江湖；《红楼梦》的意义呢？《红楼梦》的意义为那些闺阁之人，为那些女孩子，哪怕她是丫鬟，她贵为贵妃如元春，贱为丫鬟如晴雯，为她们作传，我只言情，我们太缺少真情了。因为"三国"当中教会人的永远是算计与心机，"水浒"太江湖了，里面有太多的血性与打打杀杀，我们看不到人性的明媚，看不到人性的温暖，好吧，曹雪芹说我只缘情，他说，开辟鸿蒙，谁为情种？情情和那……一起说。

生：情不情。

师：我们怎么理解黛玉的情真，情深，情痴，情绝？回过头来看，因为宝黛的悲剧是《红楼梦》的主线，主线是要了解的。第一个问题，黛玉为何来人间走一遭？你知道吗？她为怎样的命运，怎样的使命来到了人间走一遭？那是前世的故事，有没有同学懂？这个故事有没有懂的？来举一下手啊，刚才同学们那样的概括那样的表达，那么诗意的表达。（走到同学身边）黛玉为何来人间走一遭？

生：她作为绛珠仙草的时候欠前世的贾宝玉水，今生是为了还他眼泪。

师：还泪呀，孩子们！前世是水，人家给的是水；今生是泪，泪和水有区别吗？潇湘馆里到处都是水啊，江南水乡不缺水啊，她直接把这些水还给贾宝玉算了，苏州河里有很多水啊！长江里也有很多水啊！为什么要还泪啊？

生：当初林黛玉作为绛珠仙草的时候快要枯死了，然后前世的贾宝玉为了不让她枯死，爱护她，才给她水，是用心浇灌的，如今她要用感情浇灌的泪水再还给他。

师：我没有节，只能敲这个，击节赞叹。什么是泪？里面带了感情了就不是一般的水。它是世界上最珍贵的水，因为有了人的情感。大家还记得白娘子的故事吗？记不记得？她为了修得一颗眼泪，人的眼泪，她修了多少年？看我的手势（五的手势）——五百年！《西游记》也说，五百年沧海桑田，张嘴就五百年，五百年修行，只为一滴人的眼泪。眼泪，人与妖的区别，世界上最遥远的距离就是人与妖的距离。它的距离在哪里？真情，有没有情感。孩子们懂了啊，所以黛玉是为情而生，最后为情而死，一个如此深情，如此痴情，如此情绝的女孩子泪尽而死。大家会背《枉凝眉》吗？差不多是不是？我们试试，能不能背两句：一个是阆苑仙葩，这说谁呢？阆苑仙葩，你说是谁？一个女的，林黛玉，一个是美玉无瑕，（走到学生旁边说）没问题吧？

生：贾宝玉。

师：贾宝玉。若说没奇缘，今生偏又遇见他；若说有奇缘，如何心事终虚化？一个是水中月，一个是镜中花。这就是他们两个人的叹词，情绝之美，悲剧之美。什么叫悲剧？鲁迅先生说了，就是将人生有价值的东西撕毁给人看，这么美的女子，这么有家世的贾宝玉，那种大悲悯情怀的男孩子。他们就这样死了，出家了。这就是悲剧。好，还有啊，孩子们，《红楼梦》有大量的充满诗意化的场景和细节，比如说，读一读这些细节，（走到同学身边）你回答过问题吗？你来读一读，看得清吗？

生：黛玉葬花，宝钗扑蝶，湘云醉卧，晴雯撕扇，香菱学诗，妙玉品茗，龄官画蔷。

师：这里面有很多生字，你都会读，说明你是读过书的孩子。好，我们来看，如果说黛玉葬花写出一个字"伤"，你能不能用一个字为这些细节概括一下。刚才是两个字，现在是一个字。《红楼梦》从诞生之日起，从来写一回就有人评一回，比如说：曹雪芹写一回书，脂砚斋就去评一回，所以人称一芹一脂，永远的高山流水，是知音啊！用一个字去作评，孩子们，不动笔墨不读书，刚才两个字作得那么好，再来说那一个字的。（巡视，学生思考中）写一个就行，没必要都写。好，暂时这样，好多孩子已经想到了，你先来。

生：我想说的是"香菱学诗"，是"勤"，勤奋的"勤"，因为有四个字是"天道酬勤"，然后是努力有回报的意思。

师：真好！她用一个"勤"概括"香菱学诗"，初中课文有节选的，孩子们知道香菱学诗，跟谁学诗，向谁学诗？一起说。

生：（齐）林黛玉。

师：写香菱就是写林黛玉，一定要记住啊！所有的女孩子们都是这样一个诗意的群像，烘云托月，最后指向黛玉，宝钗是反衬，又是正衬。这些女孩子也同样是的。好，你来——

生：我还可以说一下"香菱学诗"吗？

师：当然。

生：我觉得如果从黛玉方面来看应该是"才"。

师：为什么？

生：因为是香菱向黛玉学诗，可以衬托出黛玉是有才学的，可以教香菱诗。

师：同学们记得那数量吗？她先跟香菱说，你先背诵王维的五律一二百首，然后再读老杜的诗一百二十首七律。这么大的阅读量，给我们的启示是如何学好语文？多读多背。多有才华的黛玉，真好，你坐。探骊得珠，抓住关键。会读书的孩子。（走到一个同学身边）请——

生：我看的是"晴雯撕扇"，可以用一个字"真"概括。因为我看过前几回是给晴雯的批语是"心比天高，身为下贱"，她撕了贾宝玉给她的扇子，贾宝玉非常爱护她，她却撕掉了。

师：她喜欢听那个声音。

生：所以觉得她非常直率。

师：她用一个词"真""率真""直率"来说晴雯，的确是这样的。讲得真好。她的话十分地道，行家一出手，就知道有没有。

生：我写的是"宝钗扑蝶"，写的是"喜"，因为薛宝钗是一个非常热情活泼的女孩子，然后我也看过，场景是十分美的，宝钗也十分欢喜地在扑蝶。蝴蝶也是一种很美好的事物，宝钗扑蝶，宝钗也是很喜欢蝴蝶的，所以是"喜"。

师：一双玉色蝴蝶，青春少女，宝钗拿着团扇，一双银色蝴蝶，人间至美也。这也是读过片段的孩子啊。继续，还有哪位同学想说一下？同学们都在写，我看哪位同学没发过言，咱班几个男生啊？

生：14个男生。

师：大观园几个男生？

生：两个？三个……

师：严格意义上就一个，谁？

生：贾宝玉。

师：贾宝玉，对啊，这么多男生，也比贾宝玉那一个多一点，你来说一下。

生："湘云醉卧"，我没具体读过。

师：具体的背景呢，是宝玉过生日，湘云喝多了酒，于是醉卧芍药园，是这样的。好，请坐。好吧，同学们，时间关系，大家可以再想啊。（出示

PPT答案）答案不是唯一的，刚才同学们的答案比这个答案要好，这是董老师想的。"龄官画蔷"，有没有同学知道这个故事，讲给大家听。或者是"妙玉品茗"，这些故事里有没有同学知道的，给大家讲一讲，我只听一两则即可，看看有没有同学读过或有印象。读没读过，孩子？

生：没有。

师：好，没事。你们最想听哪个故事？你最想听哪个故事，我给你讲。

生：龄官画蔷。

师：龄官画蔷，好，是元妃要省亲啦，元妃省亲在家待多久？猜猜看，一个月？一个礼拜？一天？一个时辰？

生：三天。

师：多了，就那么一个时辰，什么时候回家？选择白天？黄昏？

生：白天。

师：黄昏。妃子怎么可以让别人看去，对吧？就为这一刻，贾家建了个大观园，就为这一刻，做了太多的准备，买了十二个小丫头，他们是唱戏的，其中就有龄官，龄官长得像谁？猜猜看，我给的话在这里，眉眼长得像林妹妹，这谁心直口快能说这句话？宝玉不会的，他太懂得他的林妹妹了，史湘云，对吧？所以龄官画蔷，她爱上的是贾蔷，在蔷薇花下，多美啊！她在反复地写一个字，"蔷"反复地写，谁会看见她，一定要有一个最恰当的人去看她，能是谁？大观园中唯一的护花使者，贾宝玉。宝玉看到，她在写什么呢？他就蹲在那看啊看啊，看得痴迷了，自己被浇得浑身都湿了，自己还对龄官说："仔细淋着，仔细淋着生了病。"这是他永远的精神造型，非常忘我，然后看到"蔷"他就不明白，后来懂了，于是年少的宝玉懂了一个道理：每个人都有一份独特的、仅属于自己的爱情。他曾经有过这样的想法，博爱吗？是吧？他谁都爱，这个爱是博爱之爱，敬爱之爱，而不是爱情之爱。当他看到这一点的时候他就了悟了一些东西。曹雪芹为什么要让龄官长得像黛玉？想写黛玉之痴，痴情之痴。就是这样，那你们也得给我讲一个小段子啊，给我讲一个呗！得追求平等啊，老师都讲了，可以讲吗？笑得那么灿烂。笑得一日一月，一朝一夕，笑得真美。

生：我想讲"湘云醉卧"，就是贾宝玉过生日，把大家聚一起去吃酒，然后行酒令。湘云喝多了,在石头上睡着了。晚上的时候去贾宝玉那儿玩,黛玉调侃湘云……

师:讲得真好,其实醉卧的已经讲完了,她用了几个动词,非常地道的红楼梦的语言,"吃了几回酒,又玩了一会子",是读进去的。湘云和黛玉的相似点是什么呢?都是孤女,湘云的判词:富贵又何为,襁褓之间父母违。襁褓之间父母就没有了,富贵又怎么样?生活在一个无爱的世界上,贾家姓什么?一碰到高难问题就答不上,贾家姓什么?

生:(齐说)贾。

师:哎呦,这么难的问题,我曾经在徐水上课的时候问一个比我高这么多的男孩子(比手势)古诗十九首一共多少首?他使劲想使劲想也没想起来。

(生大笑)

师:还有一次上课问莎士比亚十四行诗共多少行?全班鸦雀无声。定性思考,贾家姓什么?

生:(齐)贾。

师:好,谢谢,史湘云姓什么?

生:(齐)史。

师:对了,史湘云就姓史,史家的女孩来到贾府,这是寄人篱下,黛玉又何尝不是如此,母亲去世,靠一个纤弱的、纤细的、血缘的带子寄在贾府,跟宝钗能比吗?宝钗她们家是皇商。孩子们可以揣摩语言,商人之前,再找一个比"皇"再大的词,你能不能找到?天上,地上不好使,普天之下,莫非王土;率土之滨,莫非王臣,皇上,她们家里剩下的就是?

生:钱。

师:不是。不多说了啊,这些细节都在写黛玉,写黛玉的真,写她的痴、她的才、她的洁、她的娇、她的憨、她的伤。晴雯还不娇啊?个人爱好听撕扇子的声音,扇子多贵啊,我就愿听这个声音,我就撕。以后我们根据晴雯的这个情节还编几个不属于贵族皇家属于普通百姓的梦想的桥段:等有钱了,买两根油条吃一根扔一根,是吧?这是我们普通百姓能想到的,那么晴雯呢?我就喜欢听这个声音,于是就整箱的扇子嚓嚓嚓地撕,率真,任性。妙玉品茗,妙玉,唯一带发修行的女子,所有的女孩都是买来的,只有她是请来的。

十二金钗当中唯一跟贾府没有血缘关系的女子，欲洁何曾洁？云空未必空。她多洁？洁到什么程度？刘姥姥到她的栊翠庵喝茶，妙玉给她一只杯子喝茶，这只杯子是哪儿来的？大家听啊，成窑的杯子，四大名窑，只因为刘姥姥喝了一次茶，她就命人扔去。扔了，她用的水，沏茶的水不是矿泉水，是什么？听好了，三年前栊翠庵的梅心上落的第一场雪，能有多少？收起来，装在瓮里，三年过后用来沏茶。那么妙玉是谁？是另一个贾府的女孩，她们家被抄了，她流落成尼姑，伏脉千里的是贾府的原应叹息，必将是悲剧的命运。读书吧，孩子们，《红楼梦》是一部天书，也是一部人书。好好去读。又在一个八月十五，所有的团圆不再，女孩子们，死的死了，嫁的嫁了，卖去的卖去了，出家的出家了。于是只有湘云和黛玉共赏中秋之月，两个有才情的女孩子，湘云说——这边的女孩子齐读，湘云说，一起——

生：寒塘渡鹤影。

师：大点声，全班读好吗？寒塘渡鹤影。一，二——

生：（齐）寒塘渡鹤影。

师：黛玉说——

生：（齐）冷月葬花魂。

师：她们的命运都在这两句诗中，欲知后事如何，请读《红楼梦》。下面的字是不是有一个字不认识？有没有不认识的字？那好，什么语？不知道。谶语，什么叫谶语？一句话无意之间说中了就叫谶语。比如说惜春，当人给她看花的时候，给她供花的时候，她说我不喜欢那劳什子，将来我剃了头作姑子去。你告诉我，惜春的结局是？

生：她最后真的做了姑子了。

师：真的做了姑子了。比如说探春，她写咏物诗的时候，她偏要写那风筝。探春的命运？

生：不知道。

师：远嫁，肯定是这样，很多很多，不再说了啊。金圣叹这句话我们要铭记的，他说……你们来读好吗？

生：吾最恨人家子弟，凡遇读书，都不理会文字，只记得若干事迹，便算读过一部书了。

师：怎么像在说我们自己，下一步应该干什么去？三个字，读书去。一定是读书去，看看这样的语言，能把《红楼梦》背下来的人很多，比如茅盾，比如张爱玲，一百二十回一字不差地背下来，那是怎样的语感啊。这是"宝黛相见"的片段，咱们班谁读得最好，可以推荐一下吗？可以自荐一下吗？可不可以？白话文，没有生字，把那份前世今生的情缘读出来就好啦。

生：黛玉一见，便吃一惊，心下想到"好生奇怪，倒像在那里见过一般，何等眼熟到如此！"宝玉见了不禁脱口而出："这个妹妹，我见过的。"

师：前生前世，今生今世，三生石畔，永远的情缘，就是这样写出来的。还有啊（PPT换页）《红楼梦》中有两条线索，一是木石前盟，二是金玉良缘，同学们说在《红楼梦》当中找林黛玉和贾宝玉谈恋爱的话找不到。我第一次读《红楼梦》的时候是在初中二年级，比在坐的同学们还小，当时就在文中找，宝玉没说爱黛玉啊，怎么还没说爱她呢？黛玉也从不说爱宝玉啊。中国人从不说爱，只有一个人说爱，那就是李白，写给孟浩然的诗：吾爱孟夫子，风流天下闻。你再找还能找到爱吗？看看啊，九十一回，这一段可愁死我了，孩子们，要想把它读下来，太绕口了。什么叫心心相印，灵魂上的恋爱？此之谓也。黛玉没说"你爱我吗？你能坚持爱我吗？你能爱我唯一吗？"她没这么说，宝玉也没这么回答，这就是中国人的至高的爱情，以生命相赠的爱情。这样表达的，谁愿意读一读？

生：黛玉道："宝姐姐和你好你怎么样？宝姐姐不和你好你怎么样？宝姐姐前儿和你好，如今不和你好你怎么样？今儿和你好，后来不和你好你怎么样？你和他好他偏不和你好你怎么样？你不和他好他偏要和你好你怎么样？"宝玉呆了半晌，忽然大笑道："任凭弱水三千，我只取一瓢饮。"黛玉道："瓢之漂水奈何？"宝玉道："非瓢漂水，水自流，瓢自漂耳！"黛玉道："水止珠沉，奈何？"宝玉道："禅心已作沾泥絮，莫向春风舞鹧鸪。"黛玉道："禅门第一戒是不打诳语的。"宝玉道："有如三宝。"黛玉低头不语。

师：好，你是读过《红楼梦》的，前儿啊，今儿啊，这个读的真好！这就是最后的爱情的誓言，他们两个都懂了，你听懂了吗？没听懂？怪不得呢，我第一次读就不知道宝玉究竟爱不爱黛玉，有共同的想法啊，翻译过来啊，翻译成现代汉语——这么多的女孩子，宝姐姐都比我好，你是不是都爱啊？

我俩你都爱啊？宝玉想了一会，真的太难了，宝玉说，任凭弱水三千，我只取一瓢饮。听懂了吗？瓢之漂水奈何？那别人不爱你怎么办？黛玉又说了：水止珠沉，奈何？我死了怎么办？如有三宝，我出家去，三宝有什么？佛、法、僧。《红楼梦》的最后，在白茫茫的大地之中，宝玉一袭腥红大氅消失在世界的尽头，他兑现了自己的承诺，出家去了。时间的关系，不多说了，蒋勋的一句话：不同的年龄段读《红楼梦》会读出不同的内容，我想，《红楼梦》是值得我们用一生去读的，里边有太多太多的内涵了。好了，孩子们，下课！

师：同学们再见！

生：（全体起立）老师再见！

· 听课回响 ·

儒雅名师，信手拈来

广西南宁市第三十九中学　陆海丽

得知董老师带给我们的课是《〈红楼梦〉导读》时，我是欣喜的、期待的。因为广西师大出版社曾在网络上对三千多位读者进行一项"死活读不下去的图书"的调查，结果令人瞠目：《红楼梦》高居榜首，成为"最难读"之书。中国古代另外三大名著《三国演义》《水浒传》《西游记》也悉数上榜。董老师会如何讲呢？听完这个导读课，我不禁感叹董老师的才情，她的信手拈来、旁征博引，这是名家风采，这是大家风范，这是一种美的享受。

"语文教学对提高学生的阅读兴趣，扩大阅读范围，增加阅读量，提高阅读水平，有不可推卸的责任。"董老师的《〈红楼梦〉导读》课就是在实践着"语文老师要充分重视学生课外阅读的指导"这一理念，让人忍不住去探寻那红楼之梦。

一、从"情"出发——林黛玉

从小说三要素的重中之重——人物，女主人公黛玉开始，从黛玉的姓名、故乡和花语入手。林是那木秀于林，黛是那山如眉黛，玉是那石之美者。江南烟雨有一美人，眉如远黛。从故乡苏州引出宝玉对女子的评价——女儿是水做的骨肉。花语是水芙蓉，由"女儿""女子"的区别，自然而然地引出女儿的纯真。问题环环相扣，步步启发，董老师的课堂提出的问题，多是对话式的，这些问题犹如一个个散落的珍珠，而引导就是那一根线，串成了一串美丽的珠串。

二、衬托之美，黛玉之美

大荒山，无际涯，青埂峰下，灵河岸边，绛珠草。黛玉的柔弱、哭啼引出前世的因，是今日的果。曹雪芹如何描写黛玉呢？中国古代文人如何描写美女呢？引出白居易的"六宫粉黛无颜色，回眸一笑百媚生"及李延年的"一顾倾人城，再顾倾人国"，旁征博引，举例海伦之美、安娜·卡列尼娜之美，自然地点出了衬托手法的作用。课堂上的这种旁征博引，让整个课堂散发着浓浓的语文味，并不断在发酵，体现着董老师深厚的文学功底。

三、巧妙引入其他人物

金陵十二钗，判词十一篇。由判词"可叹停机德，堪怜咏絮才。玉带林中挂，金簪雪里埋"，问"德"是什么，"絮才"指什么，"玉"指谁，"金簪"又指谁，黛玉与宝钗共用同一判词，让学生明白宝黛二人是双峰对峙，二水分流，皆是绝色女子，只气质不一。把"宝钗距离黛玉有多远"的问题抛给学生，调动了学生的积极性，开拓了学生的思维。董老师设计问题独具匠心、步步引导、不急不缓、层层深入。

董老师不囿于讲课的条条框框，而是让学生以自己的眼光、见解去解读文本，说出充满诗意化的场景和细节如"香菱学诗""晴雯撕扇""宝钗扑蝶""湘云醉卧"……让学生用一字概括细节，使得学生自然而然地理解了《红楼梦》中的女儿情。这体现了董老师超群的驾驭课堂的能力。

四、课堂主题自然生成

课堂的后部分，展示多个女儿的性格和命运，信息量非常大，但在董老师那里，就处理得游刃有余，整个课堂的主题——情，通过董老师的娓娓道来，主题浑然天成。以黛玉和宝玉的爱情誓盟结尾，让学生读这段话，相信那黛玉和宝玉的形象正在学生的脑海中慢慢变得清晰。学生的朗读也如余音绕梁，不绝耳畔。通过董老师的课堂讲授，学生并没有陷入非此即彼的固有模式中，而是能够根据自己所拥有的阅读量、知识储备来理解名著。

看着董老师讲课的身影，感受着她的真情涌动，浓郁诗情，我不禁回想起大学学习《红楼梦》的样子：一个是阆苑奇葩，一个是美玉无瑕……若说没奇缘，今生偏又遇见他；若说有奇缘，如何心事终虚化？一个是水中月，一个是镜中花……好一似食尽鸟投林，落了片白茫茫大地真干净！

董老师信手拈来，才情俱佳，将大量资源引入课堂，带领孩子们去感受《红楼梦》中的情。相信学生们已被深深吸引着，忍不住去寻找那《红楼梦》中的故事。

诗意课堂，真水无香

安徽省合肥市行知学校　孔　侠

在去济南参加"第十届名家人文教育高端论坛暨名师课堂研讨会"的高铁上，翻阅《寻找语文的诗意与远方》，我认识了一位执着追求诗意语文的歌者——董一菲老师。她说，语文是情感的、审美的、直觉的，语文课应该是美丽的集合体。美的文字，美的语言，美的节奏，美的内涵。她追求的诗意语文荡去形式的束缚，抵达美丽的境界、无痕的境界，这便是古人说的"真水无香"。

在济南铁道大酒店金色大厅，我终于见到了她，她从《诗经》中走来，从《楚辞》中走来，从璀璨的唐诗中走来，领着我们醉品《红楼梦》。

一、唯美其言

这是一节《红楼梦》导读课，浩瀚的一部名著，董一菲老师不着痕迹地引导学生用"情书"二字精炼概括。"《红楼梦》是写给中国文化，写给中国女子，写给中国五千年泱泱世界的一份情书，它道尽了一个'情'字"，董老师随口说出的话都极富美感，很自然地给学生一种美的熏陶。她娓娓道来，慢慢引导学生走进作品，体会人物之美，与人物共情。即使学生堂而皇之地答"贾宝钗"，她也是微笑着告诉孩子，回去要好好读书，今天的课堂如果能让你们回去读书就可以了。亲其师，信其道，闻其言，爱其课。她解读黛玉的故乡苏州：一个有着吴侬软语、小桥流水的地方，那一片杏花春雨的江南就是黛玉的精神生命的背景。解读黛玉的居所潇湘馆：竹影萧萧，凤尾细细，一枝斑竹千滴泪。还记得妙玉的栊翠庵吗？栊翠庵白雪中红梅怒放，妙玉是一株红梅。那为什么黛玉是斑竹，上面为什么有眼泪？她说黛玉为情而生，她用眼泪来人间还情。白娘子为了修得一滴人类的眼泪，修行五百年。妖是没有眼泪的，世界上最遥远的距离就是人与妖的距离。这样唯美动人的语言，课堂上俯拾即是。师者语言的动人直接营造了美妙的课堂意境，学生不知不觉沉醉其中。虽然他们大多没有读过《红楼梦》，这有什么关系呢？董老师的淑美其人，唯美其言，就是最好的引领。也让我明白：教书，教书，师者本人首先要成为一本书。

二、奇美其思

1. 老师的积淀、眼光与情怀决定着课堂的高度。

董老师说，《红楼梦》是一部人生之书，美之书、情之书、爱之书、哲理之书。怎样在一堂课呈现这部绝世之作的魅力？她以书中的女主角林黛玉为切入点，围绕黛玉的姓名、生日、故乡、花语、居所、称号及判词等，层层深入地解析，使林黛玉的纯真纯美形象呼之欲出。董老师广博的知识储备撑起了一节容量丰厚的课。比如，黛玉之名，古人写美女写女人的眉毛，"黛玉"是用来画眉的美玉。黛玉的花语是芙蓉花，她强调是水芙蓉，象征女儿的纯真、纯洁，纯洁是真正的青春，《红楼梦》就是一部青春梦。她让学生关注曹雪芹的"不写之写"，写薛宝钗是"倾国倾城貌"，写林黛玉是出生于"花朝节"，与花神同一天生日，侧面描写是最大的"不写之写"。她信手拈来汉武帝时李延年的"一顾倾人城，再顾倾人国"，希腊神话中为了美女海伦进行了十年战争，德高望重的法老感叹"为这样一个女子再打十年仗也值得"。在课堂上，董老师总能将古今中外的文学经典汇聚一处，为学生奉上精神的饕餮盛宴。她懂得关怀，懂得激活学生的诗情，激发学生的潜能，生发出仁爱与悲悯的情怀。有人盛赞王君老师是课堂美学的构建者，董一菲老师也当之无愧。她说，语文让生命远离功利，趋向真善美，让我们天真又从容。

2. 从语文的角度鉴赏品评。

解读作品是一个老师的基本功，如何用语文的形式帮助学生品读更见师者功底。董老师从林黛玉与薛宝钗的判词"可叹停机德，堪怜咏絮才。玉带林中挂，金簪雪里埋"入手，说二人犹如双峰对峙，二水分流。如果说宝钗是山，黛玉就是水；如果黛玉是冷的，宝钗就是热的。请用"一（　）一（　）"来概括黛玉和宝钗，这一设计富有匠心，在对比中，在凝练的文字中，课堂达到了高潮，一下子调动了学生学习的兴致。雅斯贝尔斯说，教育是一棵树摇动一棵树，一朵云推动一朵云，一个灵魂唤醒另一个灵魂。我想这堂课上，孩子们的探索表达的欲望充分唤醒了。"一朝一夕""一日一月""一花一叶"等等灵动的词语出现了，尽管很多孩子没有读过《红楼梦》，但我相信他们会记住董老师的话，"用青春、心灵、生命读《红楼梦》"。

诗意课堂，真水无香，我等心向往之。

·课堂实录·

《在孙权的朋友圈学习有效沟通》课堂教学实录

执教：王 君

教学立意简说

为了和学生探讨有效沟通的智慧，我设计了三堂课：第一堂是《语言暴力给人的伤害》，整合了《范进中举》《孔乙己》《窃读记》。第二堂是《在孙权的朋友圈学习有效沟通》，这是一堂基于《孙权劝学》的群文阅读课。第三堂是《善良是一种才华》，整合了《窃读记》和《唯一的听众》。三堂课，先探讨沟通暴力的产生，然后研究沟通的具体技巧，最后直击沟通技巧的本质。层层深入，渐行渐美。

一、蓄势

师：同学们，今天我们开始上课。先介绍一下，我们今天的文言文课堂学习和大家平时的学习可能不太一样。

【PPT】

今天的《孙权劝学》课堂

- 文言文的拓展型文本学习
- 文言文的群文学习
- 文言文的诵读式学习
- 文言文的"连滚带爬"式"略读"学习
- 用文言文训练学生说话能力的学习

师：今天的文言群文阅读课，老师给了一个主题，叫"在孙权的朋友圈学习有效沟通"。在日常生活中，我们几乎每时每刻都需要和其他人进行沟通。沟通是一件不容易的事，一不小心就——

生：谈崩了。（众笑）

师：对啊。比如，你主动和你父母沟通过吗？进行过关键对话吗？比如，这个周末，你想玩游戏三小时，然后你跟妈妈谈……

生：根本没门儿，一谈就崩。（众笑）

师：哦，提都不能提啊。结果呢，多数是两种情况，一种是你知难而退，放弃谈判，乖乖听话。（众笑）

师：这种态度，叫做沟通中的妥协，逃跑，逃，谈不下去就算了。

（师在黑板上画流着泪的小人，写"逃"）

师：还有一种，谈判失败，内心愤怒，情绪激动，"啪"地关掉自己房间的门，在里边砸书，砸东西，骂人，甚至，直接"骂娘"。（众笑）

生：老师真理解我们。我们有时候只能这样反抗一下。（众笑）

师：这叫人际沟通中的"打"。老师懂呢。你们别看王老师这个温柔的小个子，"打"的时候多着呢。小时候，跟爸爸打架；结婚了，跟丈夫打架……（众狂笑）所以啊，才对人际沟通有些想法。读了《孙权劝学》以及相关故事，我迫不及待地想和同学们聊一聊关于优秀人物之间的沟通问题。

（师在黑板上画愤怒的小人，写"打"）

师：我们日常的不成功的沟通，往往有两种表现，不是"打"就是"逃"。好，现在我们走进孙权的朋友圈，看看他们是如何沟通的。今天我们研究一下问题：

【PPT】

- 上级和下级的交流

- 同级之间的交流
- 下级和上级之间的交流
- 英雄和英雄的交流
- ……

点评：本课导入部分，可谓"一石二鸟"，首先，王君老师假定了一个生活情境，无形中拉近了和学生的距离，让学生敢于开口。加之王老师语言诙谐幽默，如邻家大姐姐一样的表情动作，让学生可亲可近，学生在王老师的课堂上没有"别人家的老师"带来的陌生感，轻松地打开了自己。其次，教学中，王君老师从呵护学生文言文学习的兴趣出发，以提升学生古典文学素养为基点，去确定"教什么"。王君老师敏锐地捕捉到《孙权劝学》文本中孙权善"劝"的特质，又立足学生已经学过的学情，独辟蹊径，采用了小群文阅读、聚焦式阅读、针对性的阅读方式，让课堂学习有了深度和广度。立足学情，结合文本，让学生在轻松愉快的学习中有感悟、有提升，思维得以发展，这一点，王君老师这堂课给出很好的示范。

二、上级和下级之间的沟通

师：咱们现在回溯文本，从《孙权劝学》开始。孙权劝学，是上级和下级之间的一次沟通，但这次沟通，并不是一开始就顺利的。来，读——

【PPT】

- 初，权谓吕蒙曰："卿今当涂掌事，不可不学！"
- 蒙辞以军中多务。

师：最开始孙权是比较强硬的，"不可不学"从句式上来看，是一个——

生：双重否定句。

师：对，比较严肃，语气很硬。结果呢，人家吕蒙不买账，拒绝了。我考考大家的文言应用能力。你能把"蒙辞以军中多务"变成吕蒙的一句话吗？蒙曰——

生：蒙曰："军中多务，如何能学？"

生：蒙曰："军中杂事缠身，毫无空闲，不得学。"

师：很好。大概意思就是这样。读，读出吕蒙毫不客气的拒绝。

【PPT】

- 蒙曰："军中多务，无暇，如何能学？"

（师指导生读）

师：好了，同学们，沟通受阻，吕蒙不给面子啊。（众笑）这个时候，孙权就危险了。他也可能"打"，可能"逃"。"打"状态下的孙权，会如何想？大概是这样，老师先示范一下。读——

【PPT】

- 权怒曰："君叫臣死，臣不得不死！君叫臣学，臣不得不学！不学，杀头！"

（众笑）（师指导学生读好）

师：如果孙权真这样想，杀了吕蒙，三国的历史可能就改变了。吕蒙不学习，以后的事情就发生不了了。

生：白衣渡江就没有了。

师：对啊。孙权也有可能是"逃"的状态，他可能会这么想——

【PPT】

- 权叹曰："罢了罢了……孺子不可教也，朽木不可雕也。此人非帅才，随他去吧。"

（师指导生入情入境朗读）

师：这叫"逃"。说不动，放弃。如果真这样，吕蒙就完蛋了。如果真这样，孙权就不是孙权了。人家孙权面对下级的无理拒绝，不慌不忙，不打不逃，而是继续"劝学"，而且，劝得很漂亮，很成功。此番沟通后，刚才还凶凶的吕蒙就乖乖听话了。来，读，读了之后咱做一个练习，表扬孙权，他哪些地方劝得漂亮。

点评：结合文中孙权和吕蒙的对话，抓住"蒙辞以军中多务"一句，让学生再现古人怎样说话，进而鼓励学生用文言文的方式，想象孙权"打"和"逃"的两种态度。这一过程，没有刻意让学生去学文言，但由于王老师营造出文言应用场，学生不仅在学，而且在用文言了。

【PPT】

- 权曰："孤岂欲卿治经为博士邪！但当涉猎，见往事耳。卿言多务，孰若孤?孤常读书,自以为大有所益。"

- 蒙乃始就学。

(师指导生读好)

师:现在咱们开始表扬孙权会说话,会沟通。

生:孙权很聪明,他把自己抬出来作为榜样,将心比心,告诉吕蒙自己读书大有收获,好处多多。

师:对,你要对方做啥事儿,一定要充分地挖掘对方的需要,让对方看到这么干对自己有好处。继续。

生:吕蒙畏难,说自己忙,孙权也没有讲大道理,而是现身说法,问吕蒙他难道有自己忙吗?这样一对比,吕蒙就没啥话说了。

师:对,孙权没有教育他,给他扣"不会打理时间""不勤奋刻苦"等等大帽子,孙权只是说事实。事实永远比评论更有力量。同学们注意啊,在沟通中千万不要轻易做道德评价,这个最伤人。继续,希望角度不一样。

生:孙权还告诉吕蒙,他学习的目的不是做博士,搞学问,而是广泛涉猎,增加见识。

师:这用现代观点看,叫作为吕蒙量身订制了——

生:学习目标。

师:目标太高,学习者达不到,就没有兴趣。目标太低,学习者不用费劲儿就达到了,学习者也会没有兴趣。孙权很会说话,他是认真分析了吕蒙的特点,充分挖掘了吕蒙的学习需求。这样一番话下来,吕蒙当然心服口服"就学"了。谁来总结一下,既不逃亦不打的孙权,在这次沟通中成功的因素有哪些?

生:不愤怒,被拒绝时依旧尊重对方。不放弃。

生:充分挖掘对方的需求。

生:给予对方合适的目标。

生:让对方看到这么做的好处。

生:不轻易进行道德评价,用自己的经历作为说服理由。

【PPT】

- 不生气

- 降目标
- 做榜样
- 示收获

师：好，接下来我们看平级和平级之间的沟通交流。

点评：文言文教学讲求"三文合一"，即文字的理解、文章的欣赏、文化的渗透要有机结合，文化渗透无疑是文言教学的终极目标。在如何渗透文化上，我们常常会割裂"言"和"文"的关系而"死于章句，废于清议"。王君老师是反弹琵琶的高手，针对已学过的课文，让学生学着使用文言文对话，将文言文当成母语，给学生创设出学文言文的语言场和应用场，且这一环节的教学始终聚焦，紧紧围绕"沟通"二字，让学生的思维向纵深发展。

三、平级和平级之间的沟通交流

师：孙权劝学之后吕蒙和鲁肃的故事，《三国志》要比《资治通鉴》更细致生动，来，我们读。

【PPT】

鲁肃与吕蒙结友
《三国志》

- 鲁肃代周瑜，当之陆口，过蒙屯下。肃意尚轻蒙，或说肃曰："吕将军功名日显，不可以故意待也，君宜顾之。"遂往诣蒙。
- 假如吕蒙感觉到了鲁肃不喜欢他，吕蒙会如何想？

（师指导生读，读得不对的地方，师简单点拨停顿以及大意）

师：读懂了吧？鲁肃其实对吕蒙最初的态度是什么？

生：他瞧不起吕蒙。

师：同学们，人与人之间的关系，其实是有传递密码的。如果你（拍一个同学的肩膀）感觉到另外一个同学轻视你，瞧不起你，你会如何想？

生：他瞧不起我，我还瞧不起他呢！（众笑）

师：哦，受伤害了，躲开。这是"逃"。

生：（手舞足蹈）你敢瞧不起我！你算啥啊？来，咱决斗，论个高下。（众笑）

师：这是"打"，被激怒了。对，吕蒙被鲁肃轻视，他也可以不打就逃。读。

【PPT】
- 蒙思："士可杀不可辱，肃既轻吾，此辱大也，必辱之！"
- 蒙思："肃既轻吾，割袍断交，终生不往来也。"

（师指导学生生动地读）

点评：褚树荣老师说：文化的渗透和传承侧重于内容方面的阐发和构建，由这一篇的内容，联系到同一类的文章。把这一篇的"义理"，放在这一类的文化背景中去考察。王老师以小群文阅读的形式，让学生走进《三国志》的相关文字，读出人物背后更丰富的故事，其着眼点是文化的传承和渗透。课堂师生有效对话是将教师的教学预设和学生对接的重要途径，王老师的提问和启发看似随意地"转轴拨弦"，如"明明知道对方不喜欢我，如何沟通？你猜测一下""男生的情绪体验可能更激烈一些"，她始终站在学生的角度点拨，很轻松激发学生表达的欲望。

师：如果吕蒙这么做，三国后面的故事就没有了。人家吕蒙才不这么干呢，他开开心心地陪鲁肃喝酒，不动声色。读。

【PPT】
- 酒酣，蒙问肃曰："君受重任，与关羽为邻，将何计略以备不虞？"
- 肃造次应曰："临时施宜。"
- 蒙曰：？

（师指导生读）

师：关羽何许人也？战神啊！吕蒙好心好意问鲁肃如何对付这位战神。鲁肃什么态度？

生：敷衍的态度。

生：不屑讨论的态度。

师：非常不礼貌。如果吕蒙不开心了，他也可以"打"，可以"逃"啊。读。

【PPT】
- 蒙怒曰："此人敷衍于我，不可交也！"

- 蒙怨曰："肃必不信我，何必操心，作罢作罢。"

师：吕蒙如果这样想，三国的历史也改写了。人家才不会这么短视呢。读。

【PPT】

- 蒙曰："今东西虽为一家，而关羽实熊虎也，计安可不豫定？"
- 因为肃画五策。

（师指导生读。重点读好"因为"的停顿和意义。）

师：面对朋友的无礼，吕蒙如何做的？

生：给鲁肃出了五条对付关羽的计策。

师：天啊，太了不起了。你不理我，但我依旧替你着想，替你解决问题。结果是什么？

【PPT】

- 肃于是越席就之，拊其背曰："吕子明，吾不知卿才略所及，乃至于此也。"
- 遂拜蒙母，结友而别。

师：谁来表演？既有动作又要有语气啊！

（生朗读表演，师指导）

师：看来，鲁肃最后被征服了，心甘情愿心服口服成为吕蒙的朋友了。谁说说，吕蒙靠什么征服了这个高傲的家伙。

生：吕蒙很有才学，他能帮助鲁肃打败周瑜。

师：真才实学，且能够以才学帮助朋友。这是交往中的黄金白银啊。（众笑）

生：他知道朋友最需要什么，可以帮助朋友解决实际困难。

师：这很重要。在人际交往中，你能够具体分析对方的需求且满足这种需求。你要得到，必先付出。

生：面对鲁肃的无礼，吕蒙不生气，表现很平和。他一点一滴地通过自己的努力让鲁肃最后接受了自己。

师：嗯，这点很重要。面对他人的不尊重，我不愤怒，不抵触，而是静心想办法解决，不打，亦不逃，用自己的方法去突破。吕蒙，是智慧的。好，接下来的故事呢？下级和上级之间如何交流？

【PPT】

- 不生气
- 研所缺
- 给所需

点评：此环节表面上看似远离了文本，但根脉在文本之中，最后又巧妙地回到文本中，可以说基于学情、本于课文、止于文化渗透，犹如把一棵树放到一片同种的森林中去审视、考察。

四、下级和上级之间的交流

【PPT】

吕蒙说孙权
《资治通鉴》

- 吕蒙闻曹操欲东兵，说孙权夹濡须水口立坞。
- 诸将皆曰："上岸击贼，洗足入船，何用坞为？"
- 蒙？

（师指导生读。稍微点拨）

师：孙权的军队善水战，他们是在船上打仗的。吕蒙劝孙权在濡须水口建防御工地，结果如何？

生：大家都反对。

师：对，众人皆反对。孙权也不说话，不表态。这也好理解。水军嘛，干陆兵的事情干啥？这下问题出来了，现在是以一对十，对百，众人都是反对者，咋办？如果是你怎么办？（拍一个同学的肩膀）

生：我肯定偃旗息鼓了。我斗不过大家。（众笑）

师：不错。还会用偃旗息鼓这样的雅词。这是一个读书的孩子。你的态度是"逃"。你呢？

生：我不怕，我跟他们争啊，现场辩论啊。我骂他们一顿，斥责他们短视。（众笑）

师：骂？大家想想，骂的后果如何？

生：肯定闹翻了。他成为了大家的敌人。

师：这叫作触了众怒。成为众矢之的，日子就不好过了。在咱们中国文化的背景下，一般是教育人要和光同尘，不要锋芒太露的。刚才的两种选择，一打一逃，都不好。

【PPT】

- 蒙怒曰："汝等短视小儿，见识浅薄，不可与之论天下大事！"
- 蒙惧曰："众皆谓不可。众议定有因。吾必多虑也，止也！"

（师指导生读）

师：吕蒙没有这么做，咱们看他是如何说服孙权的。

【PPT】

- 蒙曰："兵有利钝，战无百胜，如有邂逅，故步骑蹙人，不暇及水，其得入船乎？"
- 权曰："善！"遂作濡须坞。

（师指导生读。提示"邂逅、蹙人、暇"的读法和含义）

师：为何刚才还沉默不语的孙权却乖乖听话了？

生：因为吕蒙讲得很有道理，他让孙权感觉到在陆地上建立军事基地是有必要的。

生：吕蒙还是用自己的才学征服了孙权。

【PPT】

- 不生气
- 有理据

师：在这个地方，实际上吕蒙是为自己的军队做了一个预案。打仗，不怕一万，就怕万一。失之毫厘谬以千里，做最充分的准备肯定是有用的。吕蒙的这番道理，表现出了他的谨慎、严谨，后来事实证明他是很有军事眼光的。大家看，不打不逃，下级成功征服了上级。接下来，孙权朋友圈的最大人物要出场了。

生：曹操！

师：对。两个大人物，两个英雄人物之间又如何沟通交流呢？

点评：王老师在小群文阅读时，基于文本选取的历史故事很有层次感。

课文《孙权劝学》是上级和下级之间的沟通；故事一《吕蒙与鲁肃结友》，是同级之间的沟通；故事二《吕蒙说孙权》是下级和上级之间的沟通，沟通的难度在渐次拔高，学生的思维也在逐渐提升和发展。

五、英雄与英雄之间的对话

【PPT】

濡须之战
《资治通鉴》

- 春，正月，曹操进军濡须口，号步骑四十万，攻破孙权江西营，获其都督公孙阳。
- 权率众七万御之，相守月馀。
- 操见其舟船器仗军伍整肃，_____ 曰："_____。"

（师组织生读）

师：我考考大家读懂了没有。这场战争，双方实力如何？

生：相差悬殊。40万对7万。曹操强大，孙权弱势。

师：战争的结果呢？

生：曹操胜利了。孙权江西营破，都督都被抓了。

师：孙权乱了阵营吗？

生：没有。孙权在这种状态下，还和曹操对峙了一个月，而且军队依旧威严。

师：败军之师如此。如果你是曹操，你会如何想？

生：我会想，是不是有诈？（众笑）

师：这是典型的"逃"。你呢？

生：我会很生气，这孙权，打不死的小强啊！快彻底收拾得了。（众笑）

师：打落水狗！被别人的坚定和强大激怒了。这是典型的"打"。读。

【PPT】

- 怒曰："鼠辈顽固，打而不死，必取之！三军听令，整装待发，速速拿下孙贼！"
- 惧曰："孙权江西营破，以七万对吾四十万，与吾抗衡三十余日，此人奸猾，不可小觑，吾且小心为是。"

（师指导生读）

师：如果曹操这样想，历史就改变了。曹操就不是曹操了。曹操之所以是曹操，就因为此刻，面对败军之将的顽强抵抗，他说了一句话——历史上一个重要的时刻就要来到了。

生：生子当如孙仲谋。

师：嗯！你看书真多！读。

【PPT】

- 曹操曰："生子当如孙仲谋；如刘景升儿子，豚犬耳！"

（师指导生读）

师：读出了什么？

生：曹操对孙权由衷的赞美。

师：刘景生就是刘表，其实也是一个英雄呢。豚犬就是？

生：猪狗。

师：读出了什么？

生：曹操不惜用刘表来反衬孙权，他是真心佩服孙权。

师：同学们，你看，这就是英雄之间的对话交流，很牛啊！你，班级第一名，对你的竞争对手，能有如此的由衷的赞美吗？

生：没有。我害怕他超过我。（众笑）

师：所以，什么是大人物？能由衷欣赏对手的人才是大人物。接下来，孙权要"淘气"了，你看曹操如何应对。

【PPT】

- 权为笺与操，说："春水方生，公宜速去。"别纸言："足下不死，孤不得安。"

- 操曰：？

（师指导生读）

师：你看孙权是不是很气人。他写封信派人送给曹操，说春水涨起来了，你呀，应该赶快离去。这还不够，另外还附上一张纸，写道：你曹操不死，我不得安身啊。是不是很气人？如果你是曹操，读到这样的信，你会如何办？

生：我肯定气疯了，这孙权也太嘚瑟了吧，都败成这样了，还神气活现的，杀！（众笑）

生：我可能觉得有诈，一定是阴谋诡计。（众笑）

师：对。一般人，都可能是这两种思路。如果曹操是王老师这个水平，也可能这样想。读。

【PPT】

- 操怒曰："竖子辱孤也！其罪大不可赦！今日孤领兵杀将过去，片甲不留！"
- 操惧也："竖子话虽糙，理在也。其兵不可小视，其地不可久留。为保颜面，孤斥之再做打算也。"

（师指导生读）

师：如果曹操觉得被侮辱了，受不了，带兵冲杀过去，完了，他打不赢的，三国的历史也许从此就改变了。他并没有去和孙权对骂，咱看看，曹操是怎么应对孙权的"挑衅"的。

【PPT】

- 操语诸将曰："孙权不欺孤。"
- 乃彻军还。

师：好奇怪啊，曹操居然一点儿不生气，规规矩矩地就听话撤军了。你觉得到底是怎么回事儿啊？

生：我觉得是因为曹操判断孙权的话是对的。

师：如何理解？

生：孙权说春水正在涨起来，孙权是适合水战的。涨水之后，曹操就不大可能成功了。

师：这个孩子，地理知识和军事知识都不错，很有见识。了不起！曹操要彻底战胜孙权，必须跨越长江天险。但长江自古以来都是最难战胜的天险。枯水期还好，但如果水涨起来了，曹操就艰难了。所以，孙权的信，其实说的是实话。曹操判断这个事情，不是凭情绪，而是凭事实。他不被情绪控制，他尊重事实，他很善于过滤信息，留下自己有用的即可，其他的，一笑置之。所以，他在朝堂上坦诚地告诉诸将"孙权不欺孤"，而且，明智地撤军。你看，这就是英雄和英雄之间的交流，坦荡、坦诚、坦率，明亮，充满了智慧。

【PPT】

- 不生气
- 夸对手
- 不生气
- 会过滤
- 不生气
- 当儿戏

点评：沟通的艺术越来越丰富，主要人物孙权的形象越来越丰满，三国人物的素养、情怀在学生头脑中越来越清晰。这就是有效的文化渗透，自然而然，水到渠成，如雨泽大地，如润物无声。

六、总结

师：好了，同学们，走进孙权的朋友圈，明白了孙权劝学之后的故事，看了这么多优秀的人的交流沟通，我们现在来做个总结。

【PPT】

优秀者的沟通

- 控制情绪，不打不逃
- 双核对话，始终尊重
- 目标不忘，守住初心
- 满足需求，你我同一
- 真才实学，双方共赢

（师组织生读）

师：同学们啊，优秀者的沟通无不具有以上特点："双核对话"就是说不仅要关注对话内容，还需要关注对话气氛，如果气氛紧张了，就一定要调整。对话时要不断挖掘对方需要，也要死死守住自己的目标，不能被情绪带着走了。在沟通交流过程中，要关注双方的利益，要用真才实学去帮助对话者，实现双方的共赢。这种沟通方式，叫"非暴力沟通。"

【PPT】

非暴力沟通（NVC Nonviolent Communication）

也被称作"爱的语言"，是借用圣雄甘地所指暴力消退后自然的爱——即"非暴力"。也许我们并不认为自己的谈话方式是"暴力"的，但我们的语言确实常常引发自己和他人的痛苦。这种沟通方式追求不再条件反射一般粗暴地对待他人和自己的感受、愿望，重塑我们对冲突的积极思维方式，打开爱和理解，增进人与人之间的连接，使得人们乐于互助。故称之"非暴力沟通"。

师：老师给同学们推荐两本书，一本叫《非暴力沟通》，一本叫《关键对话》。欢迎同学们借阅。今天的课就上到这里。下课。

点评：文化渗透最终要提高学生的文化品位，让具有中华民族特性的思维方式、精神品质得以延续传承。语文学习归根结底指向生活，我们培养的是鲜活的人，让学生将课堂习得应用于生活，提高学生的素养和生活质量，对语文而言，善莫大焉。王君老师也在启示我们：永远有一颗语文的慧心去感知生活。

· 听课回响 ·

旁征博引，让文化渗透这般从容

陕西省城固县城关中学　房卫华

王君老师《在孙权的朋友圈学习有效沟通》一文的教学，倘要单从教学创意设计和教学形式来看，并不能完全彰显王君老师教学艺术的精华，因为王君老师精彩的语文课很多，但我们又不得不承认，这是一节耐人寻味的好课。细细品读，不难发现这节课特色鲜明、亮点颇多。

一、在"教什么"上聚焦文化，指向生活

文言文教学常常让很多语文老师困惑，譬如，"言"和"文"孰轻孰重？是依"言"带"文"，还是随"文"释"言"？王君老师的这堂课给我们很好的回答：文言文要依据文本特点，在"教什么"上聚焦文化，在文化的渗透中释"言"用"言"。她敏锐地捕捉到《孙权劝学》中孙权善"劝"的特点，提炼出"学习有效沟通"这一教学主题，然后通过小群文阅读、聚焦式阅读、针对性的阅读方式，让课堂学习有了深度和广度，避免了学过的文本再学习时学生思维在水平滑行的问题。这一教学内容的确定，跳出了窠臼，更见胸怀和境界。王荣生教授指出：在文言文中，"文言""文章""文学""文化"一体四面，相辅相成。学习文言文，实质是体认它们的言志与载道，研习谋篇布局的章法、体会炼字炼句的艺术是重点，最终的落点是文化的传承与反思。可见文化的渗透是文言文教学的终极目标，也是教学的重点和难点。本堂课中王君老师立足《孙权劝学》，带领学生们走进《三国志》《资治通鉴》的历史故事中，将《孙权劝学》中的两个人物孙权和吕蒙，放在其所生活时代的同类文章中，做纵向和横向挖掘拓展，无形中让学生对文本中的人物感知更加丰富。如果说学了《孙权劝学》，学生知道了孙权的礼贤下士、宽宏大量，懂得了吕蒙能接受别人正确的建议，那么《鲁肃与吕蒙结友》《吕蒙说孙权》《濡须之战》等历史故事中孙权的雄才大略和高度智慧，吕蒙的不计前嫌、襟怀坦荡，曹操的枭雄气度都给学生留下了鲜明的印象，三国时期的战争风云，三国人物的精神内核和文人风范，影响和熏陶了学生。而课堂上这一文化渗透，立足学情，立足文本特质，表面看似远离了文本，但根脉始终在文本之中，不经意间，旁征博引，让文化渗透这般从容。

  王君老师说：我觉得自己从来不仅仅是在教语文，而是在教生活，教人如何活在更好的生活中，如何在更好的生活中发现自我，成长自我。所以她在课堂中"遵循文本是人生的注脚、历史的诠释、社会的烛照；人生是文本的源头活水，历史是文本的坚实内蕴，社会是文本的坚实土壤的原则，在语文课堂上引导学生联结、对位、沟通。"关照师生生活，培养有温度的人，是王君课堂一贯的特色和风格。基于此，王君在《在孙权的朋友圈学习有效沟通》的教学中将"教什么"确定为"向孙权的朋友圈学沟通"，是符合其"青春语文"的教学主张的。我们不得不叹服王君老师的高明。这样的文本，她也能抵达语文的本源，萃取出鲜活的生命因子、生活元素，将原本枯燥的文言文学习，变得生动有趣。她总结的优秀沟通、成熟沟通的原则"控制情绪，不打不逃；双核对话，始终尊重；目标不忘，守住初心；满足需求，待我同一；真才实学，双方共赢"不仅学生受益，就是在现场听课的数百名语文老师，也必定受益良多。

二、在"怎么教"上，营造母语学习的环境，发展学生语言

我们知道，学习英语最有效的方法是让学习者在使用英语的国家游学体验。同样的道理，学习文言文，最佳的方式是营造文言文学习的环境。因为文言文教学中需要教师解决的最大问题是"去陌生化"，即怎样拉近学生与文本的距离，让学生最大化熟悉古人的生活及遣词用语的习惯。所以我们常常奢望能带着学生"穿越"回古代，但苦于不得法门。王君老师《在孙权的朋友圈学习有效沟通》的教学，就有了这种"穿越"的意味，这种"穿越"不是服饰和身份，而是教学场的"穿越"，发展语言和应用语言的"穿越"。譬如师生在教学中用文言对话，让学生模拟与吕蒙第一轮沟通不畅的孙权；再如在以小群文阅读形式推出的三个故事之后，让学生多次模拟吕蒙、孙权、曹操怎样应对，这一过程，学生的思维打开了，兴趣被调动起来了，学生似乎在玩角色扮演，玩着玩着猛然发现自己会说古文了，会用文言文了。当然这其中，也体现出王老师的用心。三个故事，都和文本有关，且都聚焦"沟通"二字，层级提升，逐步向纵深推进。小孩子天生喜欢听故事，何况这堂课故事一个接一个，在读故事、理故事中，字词、句式等文言知识掌握了，在围绕故事思辨中，学生的语言发展了，会用文言文了。这样的语文课堂，让学生兴趣盎然，甚至欲罢不能也在情理之中。

三、教学呈现，灵动如水

王君老师曾这样评价余映潮老师：总用最清淡的语言和最平凡的机智表达着自己。其实这句话也适用王君老师自己。王君老师近几年的语文课堂，感性而赘余的东西一点也没有了，转型为理性而直接指向"语用"，指向语文和生活的本源。就如《在孙权的朋友圈学习有效沟通》的教学，王老师不炫技法，不煽情，而像一条灵动的溪水时而飞花溅玉，时而静水流深。这份灵动首先表现在"用教材教"，通过小群文阅读的形式，上下勾连，抵达语文的内核和生活的本源；表现在小群文阅读三则故事的精当选择和组合；表现在学生思维逐层拔高的师生对话；表现在教学环节清晰有序而又高度聚焦；表

现在教师的风轻云淡和对课堂的有效掌控……王君老师是语文教学的天才，她懂得探究语言文字的深闳简约，领略短文背后的壮阔风景，离不开以学生为主体的语文活动。因而她善于引导、鼓励学生去思考和表达，去审视文言故事中的三国人物，去感受他们的枭雄气度、雅士情怀、文人风范。进而向古人学习，在生活中不被情绪掌控，理性而客观地对待人和事。

让我们回眸课堂的那些瞬间，看到王君老师那张娃娃脸上明媚笑容的呼唤，孩子们也用灿烂的笑脸来应答；伴随着手抚学生肩头动作的那句"小同学，你会怎样想"，响起了不很响亮但分明战胜了自己怯懦的声音；当学生一遍又一遍、一浪高过一浪朗读的声音传送至耳鼓……现场听课的老师是沉醉其中的，因为他们感受到生命在拔节、在开花，有了如沐春风的感受。

对于一堂好课而言，总感觉言有尽而意无穷，对于好课的点评难免管窥蠡测、挂一漏万。好在王君老师是语文教学坚定的思考者、前行者，她具有无穷的创造力和高远的创新追求，她总能给我们带来惊喜的好课。

感谢王君，因为有你，语文这般沉醉而美好。

见自我，见天地，见众生

山东省聊城经济技术开发区教研室　刘东海

"第十届名家人文教育高端论坛暨名师课堂研讨会"是百家争鸣的论坛，也是教学相长的讲坛。在这次研讨会上，我们不仅聆听了仰慕已久的名师的个性课堂，还有幸聆听了专家们对人文教育的个性解读，一路走来，真是收获满满。其中王君老师执教的《在孙权的朋友圈学习有效沟通》一课让我印象深刻，启发良多。

我们非常清楚，在人与人之间的互动过程中，我们经常需要沟通，但并非每一次沟通都能成功，所以沟通在人际关系的处理过程中是非常重要的。那么怎样才能有效地沟通呢？王君老师就给我们做了很好的示范。首先《在孙权的朋友圈学习有效沟通》这个标题就极具时代感，一下拉近了学生和文本的距离，凸显出文本和有效沟通两个主题间的联系，可以说是一举两得，非同凡响。文言文的"连滚带爬"式"略读"学习是王老师这堂课的目标之一，这种风趣的表达让学生在会心一笑中形象感受到了文言文阅读的方法。"生活的乐趣取决于生活本身"，在课堂伊始，王老师抛出一个问题：有的孩子说，我想玩两小时游戏，妈妈说不行，一些人往往采用不打即逃的办法，这样好不好呢？这个问题激起了学生的兴趣，引发了学生热烈的讨论，从而水到渠成得出"好的沟通既不打也不逃"的结论，非常具有生活之趣。

"经验丰富的人读书用两只眼睛，一只眼睛看到纸面上的话，另一只眼睛看到纸的背面。"王老师的这堂课极有深度，她不是停留在传统的"孙权劝学、吕蒙悟学、鲁肃见证"讲授上，而是由"劝"向深处挖掘，从有效沟通的角度，分四个方面来拓展文本。在上级和下级的交流环节，用孙权与吕蒙之间的对话，以身说法，"不生气，降目标，做榜样，解困难，示收获"让对方心悦诚服。在同级之间的交流环节，引用《三国志》吕蒙与鲁肃之间的对话，面对鲁肃的敷衍，吕蒙"不生气，寻良机，研所缺，给所需"，终使鲁肃刮目相看，结友而别。在英雄和英雄的交流环节中，曹操面对被自己打败的对手，王君老师说曹操大方地在孙权的朋友圈点评了一句"生子当如孙仲谋"，真是"不生气，夸对手"。而面对孙权挑衅的书信，曹操更是"不生气，会过滤"，专捡有用的看；"不生气，当儿戏"，那些大不敬的话只当做耳旁风。这样四种交流层层深入，把"劝"讲活了。

王君老师曾说过，现在新课标研究语文的核心素养是语言建构与应用，思维发展与提升，审美鉴赏与创造，文化传承与理解。其实，这些要素之上还有一个"核心之核心素养"，那就是"立人"。王老师站在"立人"的高度，建立了一个由"语言暴力对人的伤害""学习有效沟通""善良是一种才华"三部分组成的群课。群课是一种拓展性学习、群文学习，通过举三反一，用语文解决生命难题，充分体现了王君老师课堂教学的高度。《孙权劝学》整合课不过是王君老师关于"沟通"的一个课群中的一部分，在本节课上，她给学生传达了优秀者的沟通技巧——控制情绪，不打不逃；双核对话，始终尊重；目标不忘，守住初心；满足需求，你我同一；真才实学，双方共赢。拓展了国际通行的对话的得体、慷慨、赞誉、谦虚、一致、同情等"礼貌原则"，推荐了《非暴力沟通》，通过这些将文本价值阐释得淋漓尽致。

王国维在《人间词话》里提到"诗人对宇宙人生，须入乎其内，又须出乎其外。入乎其内，故能写之。出乎其外，故能观之"。王君就是一位"入乎其内"又"出乎其外"的老师。作为"青春语文"的掌门人，王老师通过灵性阅读、生命写作、激情生活三条路径使语文教学过程保持青春状态，引领学生创造、保持、享受人生的青春状态。真可谓是见自我，见天地，见众生！

王君老师正在用自己的实践告诉我们，语文可以多角度解读，语文即生活，生活即语文！

·课堂实录·

《"飞天"凌空》课堂教学实录
执教：余映潮

师：（微笑）同学们，上课！

生：（鞠躬）老师好！

师：同学们好，谢谢，请坐！

师：好，请大家做第一个动作，把课本打开；第二个动作，把手中的笔拿好。

（生准备物品）

师：（出示PPT）我们今天学习新闻特写《"飞天"凌空》。课文很简短，但是内容非常丰富。它是一篇自读课文，自读课文对于同学们来说就是学语言，练本领，大量的时间由自己掌握。

（生认真倾听）

师：（出示PPT）好吧，开始我们的新闻特写的品读、品析。这节课的主要活动：语言积累、学法实践。我们一起来了解有关背景知识。请同学们把新闻知识读一读。

生：（齐读）新闻：报社、通讯社、广播电台、电视台等新闻机构对当前政治事件或社会实践所作的报道。新闻要求迅速及时、真实、言简意明，以事实说话。

师：（出示PPT）继续了解新闻特写的知识。

生：（齐读）新闻特写：截取新闻事件中最有价值的片段，集中笔力，着重描写其精彩瞬间，鲜明再现典型人物、事件、场景的一种新闻体裁。

师：换一个角度看，新闻特写就是真实地表现美好细节的记叙文，所以大家要关注课文第九页给我们介绍的知识——什么是新闻特写，它有更详尽的说明、介绍。现在我们来了解《"飞天"凌空》。

生：（齐读）《"飞天"凌空》报道的是：1982年11月24日，在印度新德里举行的第九届亚运会上，中国运动员吕伟获得女子十米高台跳水冠军的事件。

师：一个事件浓缩在一篇新闻特写之中，而且瞬间的精彩一一呈现在我们的眼前。标题《"飞天"凌空》，是美妙的比喻。好，我们了解一下"飞天"。

生：（齐读）飞天，佛教壁画或石刻中在空中飞舞的神。

师：（切换PPT）用神来喻人，身姿妙曼，线条健美，凌空飞翔，这个比喻是生动恰切、具有画面之感的。好，下面开始我们的训练活动：读一读。读准字音，好，一起来"夺魁"——读。

生：（齐读）夺魁、翘首、屏息、哧地、悄然、刹那、瞬间、气氛。

师：我听到一个读音"哧地"，有问题吧，哧地（de），好，再来"夺魁"——读。

生：（齐读）夺魁、翘首、屏息、哧地、悄然、刹那、瞬间、气氛。

师：继续，写好字形。把笔拿出来，在课本上或练习册上写上PPT上放大了的字，夺魁的"魁"，注意不要丢掉了它的零部件。

（生认真练习）

师："翘首"的"翘"，注意在某个地方不要多加一个点；"由衷"的"衷"，观察它的上、中、下结构；"屏息敛声"的"敛"，对我们来说是比较生疏的字，要注意它的左右结构；"疾如流星"的"疾"不少的同学往往把这个偏旁写错；还要写"潇洒"一词，"潇"字的笔顺笔画是比较难的；还有一个字"眼花缭乱"的"缭",特别注意它的笔画的准确性。好,我观察到大家都动笔了,还要理解词意的内容。我们一起来把这篇小文章中最需要理解的字词的含义读一读,"凌空"——读。

(生齐读)

【PPT】

凌空:升到空中从空中飞过。

夺魁:夺冠,取得第一。

自若:镇定自如,毫不拘束。

翘首:抬起头来。

修长:指人的身材细高。

酷似:好像。

由衷:发自内心,发自肺腑。

悄然:形容寂静无声。

新秀:新出现的优秀人才。

师:(手指屏幕)大家纵向地观察全是书面语汇,高雅的美词,好吧,我们纵向的读一读,"凌空、夺魁"读。

生：(齐读)凌空、夺魁、自若、翘首、修长、酷似、由衷、悄然、新秀。

师:(切换PPT)(手指屏幕)好,再看语言特色就表现出来了,小小的文章中大量的四字短语。再观察,有正面描写的,有侧面映衬的。一起来读"沉静自若、风度优雅"。

(生齐读)

【PPT】

沉静自若　风度优雅　翘首而望

屏息敛声　凌空翔舞　疾如流星

潇洒自如　从容不迫　眼花缭乱

悄然不惊　如梦初醒　震耳欲聋

师：(恍然)(手指屏幕)啊,原来学字词的时候也有窍门的呀;正面的描写、侧面的映衬。好,谢谢大家,开始我们的第二个活动。背一背,看要求。

（生集体看屏幕）

师：背什么？精彩的"瞬间描写"！这也是新闻特写的表达特点：再现精彩的瞬间，把它放大，把它描述得精致。

师：（切换PPT）注意这样来完成任务，大家的学习方法是：圈画、组合。圈画若干句子，组合成一篇描写吕伟跳水时瞬间美姿的微文：准备起跳——跳水之中——跳入水中。每位同学都要选取最精致的描写语句，组合成一篇微文，然后背下来。

师：（切换PPT）我给大家做了一些准备，把起笔部分给大家安排了，"轻舒双臂，向上举起，只见吕伟轻轻一蹬，就向空中飞去。"这是起跳。大家的任务就是画几个句子把整个跳水的精彩瞬间给勾勒出来。

师：给大家两三分钟的时间，圈画、组合，然后观察你的组合是不是很顺畅，是不是很精致。

（生认真自学）

师：（巡视）好的，我们略做交流。

师：大家看老师的板书上有四个字"课文集美"，就是把课文中最精彩的内容集中，从而创造出美好的语言积累的资料。好，请两位同学来读一读你圈画的微文。

生：我圈画的是第4自然段，"还没等观众从眼花缭乱中反应过来，她已经展开身体，像轻盈的、笔直的箭，'哧'地插进碧波之中，几串白色的气泡拥抱了这位自天而降的仙女，四面水花则悄然不惊。"

师：谢谢，你的圈画可能还需要补充一个空中的动作。

师：（配合手势说明）起跳，在空中，然后入水。好，请你来读一读。

生：紧接着，是向前翻腾一周半，同时伴随着旋风般的空中转体三周，动作疾如流星，又潇洒自如。

师：这位同学将所需要补充的内容展现出来了。再来一个同学，完整地把你的微文朗读出来。

生：紧接着，是向前翻腾一周半……

师：从"轻舒双臂"开始读。

生：轻舒双臂，向上举起，只见吕伟轻轻一蹬，就向空中飞去。紧接着，是向前翻腾一周半同时伴随着旋风般的空中转体三周，动作疾如流星，又潇洒自如。她已经展开身体，像轻盈的、笔直的箭，"哧"地插进碧波之中，几串白色的气泡拥抱了这位自天而降的仙女，四面水花则悄然不惊。

师：我想这位同学所整合的微文就能够表现出我们摘取文章重要信息能力的水平，真是让我们有美妙的收获啊。我们一起来读一读，"轻舒双臂"读——

【PPT】

轻舒双臂，向上举起，只见吕伟轻轻一蹬，就向空中飞去。她那修长美妙的身体酷似敦煌壁画中凌空翔舞的"飞天"。紧接着，是向前翻腾一周半，同时伴随着旋风般的空中转体三周，动作疾如流星，又潇洒自如。还没等观众从眼花缭乱中反应过来，她已经展开身体，像轻盈的、笔直的箭，"哧"地插进碧波之中，几串白色的气泡拥抱了这位自天而降的仙女，四面水花则悄然不惊。

（生齐读）

师：很好，大家观察的思维方式就是"顺序"：时间顺序，前——中——后。大家的写作方法就是"放大"：把一次1秒多的跳水动作细致描绘出来，这种放大的描写，前面"什么是新闻特写"的知识中已经告诉我们了。

师：把最有价值、最生动感人、最有特色的片段和部分予以放大，就叫做描写。还要观察其美妙的手法，即对人物动作有细微的描写，细腻的描写，还运用了映衬的手法，不然的话为什么要写"哧"的一声呢？不然的话为什么要写"四面水花则悄然不惊"呢？这都叫做手法的运用。好吧，细细体会，开始我们的微文背诵，每位同学背诵五分钟，然后我们再一起背诵，这段时间就是大家的了，开始吧。

（生自由背诵）

（师巡视）

师：课堂上最美的声音就是琅琅的读书声，大家刚刚在背诵，我在观察，每一位同学都很努力。下面一起来背诵微文，背诵我们课文集美的成果，"轻舒双臂，向上举起"——背。

生：（齐读）轻舒双臂，向上举起，只见吕伟轻轻一蹬，就向空中飞去。她那修长美妙的身体酷似敦煌壁画中凌空翔舞的"飞天"。紧接着，是向前翻腾一周半，同时伴随着旋风般的空中转体三周，动作疾如流星，又潇洒自如。还没等观众从眼花缭乱中反应过来，她已经展开身体，像轻盈的、笔直的箭，"哧"地插进碧波之中，几串白色的气泡拥抱了这位自天而降的仙女，四面水花则悄然不惊。

师：谢谢大家的努力，圈画集美背诵的句子，让我们欣赏文章就更自如了。

师：（出示PPT）下面的活动：品一品。学习方法是：批注，评点，看课文，有四处评点。

（生各自静读）

师：课文中的评点非常的高妙，告诉我们欣赏文章的表达技法。第一个评点：以白云、飞鸟之动衬托她的沉静。这就是文学的语言——衬托！

师：我们还可以说，白云、飞鸟的描写用了夸张的手法。我们再看课文中最后一个评点，"侧面描写，满怀自豪"。为什么是侧面描写呢？原来是一位印度观众对中国跳水运动员的赞叹。我们要结合自己的体味来评点、批注，就课文的内容、细节进行旁批。

师：（出示PPT）我们来看："这是达卡多拉游泳场的八千名观众一齐翘首而望、屏息敛声的一刹那。"它是很有表现力的呀。"像轻盈的、笔直的箭，'哧'地插进碧波之中，几串白色的气泡拥抱了这位自天而降的仙女，四面水花则悄然不惊"，绝对有表现力。再看，"'妙！妙极了！'站在我们旁边的一位外国记者跳了起来。"可能有多种表达作用。

师：还有，"这时，整个游泳场都沸腾了，如梦初醒的观众用震耳欲聋的掌声和欢呼声，来向他们喜爱的运动员表达由衷的赞赏"，除了渲染氛围还有其他的作用。

师：现在请大家动笔旁批三分钟，静思默想，用优美的语言来旁批，过一会儿我们来交流看法。

（生认真在书上旁批）

（师巡视）

师：请停笔。课堂上最美的姿态，就是同学们奋笔疾书的姿态。

师：（做出举手的姿势）请表达观点！谢谢。

生：老师，我是从第5自然段，"这时整个游泳场都沸腾了，如梦初醒的观众用震耳欲聋的掌声和欢呼声，来向他们喜爱的运动员表达由衷的赞赏"。我从"震耳欲聋"这个词看出观众对自己喜欢的运动员的由衷的赞赏，这也从侧面烘托了吕伟跳水技术十分高超，表演十分精彩。

师：很关键的一个短语就是"侧面烘托"，这就叫手法。你读的这句话也叫场面描写。好，谢谢。

生：我也是从第5自然段看出的，从第5自然段"'妙，妙极了！'站在我们旁边的一名外国记者跳了起来。"我从"跳"这个词看出运用了侧面描写的手法，表现了外国记者的兴奋之情，"妙，妙极了！"这是语言描写，写出了记者还有观众对吕伟的喜爱之情，还有吕伟跳水时的优美。

师：品析得很到位！那么你的品析内容和这位同学品析的内容加在一起，就叫点面结合式的写法。先写一个外国记者赞叹，然后写整个游泳场都沸腾了。多美妙的层次呀，有点有面，既是美妙氛围的描写，也是侧面映衬手法的运用。

生：我从第3自然段看出，"1.7秒的时间对她似乎特别慷慨，让她从容不迫的展现身体优美的线条，从前伸的手指，一直延续到绷直的足尖。"我从"1.7秒"看出来，虽然这个时间很短，但是她却可以用这"1.7秒"的时间来展示很多的动作，也从侧面说出了她技术的高超。

师：这句话，既是侧面手法的运用，又是作者的评价。前面写到动作疾如流星又潇洒自如，这是描写，然后评论，议论，所以这一段有美妙的结构，它叫做叙议结合。不仅仅是观众的高兴、兴奋、激动，作者也要在这儿发表自己的感触。

师：好，继续说话，谢谢。

生：我要品析的是第4自然段，"还没等观众从眼花缭乱中反应过来，她已经展开身体，像轻盈的、笔直的箭，'哧'地插进碧波之中，几串白色的气泡拥抱了这位自天而降的仙女，四面水花则悄然不惊。"这里是运用了比喻的手法，把吕伟比作轻盈笔直的"箭"和自天而降的"仙女"，能表现出吕伟身姿优美技术高超。

师：你品析的地方很有表现力啊！但是，还要抓住"'哧'地插进碧波之中"。"哧地"声音很细微，还要观察四面水花的悄然不惊。十米高台跳下来水花都没有，这是什么手法呀？

生："四面水花则悄然不惊"，这个地方我觉得是运用了侧面描写，用水花的寂静无声烘托出吕伟跳水水平高超，也表达了作者对吕伟的赞叹之情和作者的自豪。

师：分析得好，而且表达流畅。"哧地"是小声，"悄然不惊"是水花的平静，它表现出跳水运动员高超的跳水技巧。十米高台下来连水花都不惊动，这就叫夺冠的水平啊。

师：好，继续，这位同学来说。

生：我想说的是第1自然段最后一句，"这是达卡多拉游泳场的八千名观众一齐翘首而望、屏息敛声的一刹那。"通过"翘首而望、屏息敛声"看出观众们都很关注吕伟的跳水，觉得她有希望拿到冠军，给予了她很大的期望。也从侧面看出吕伟是很有实力的，为她下文动作优美而且成功夺冠作了铺垫。

师：分析得好。渲染紧张氛围，表现观众期待的心情，静态描写，其实都是为了衬托运动员的。所以第一段他运用了双重衬托的手法，"白云似在她的头顶漂浮，飞鸟掠过她的身旁"是一次映衬；接着写"观众"又是一次映衬。还有一个重要的问题没有解决，我希望有人来品析，那就是最后一段的作用。

（生举手）

师：谢谢，你来说。

生：最后一段运用了对印度观众的语言描写，他说："了不起，你们中国的人才太多了。"这里既是对印度观众的语言描写也是一个侧面描写，用印度观众的赞叹，侧面烘托出了吕伟跳水技术的精湛，表达出作者作为一个中国人的自豪和对吕伟技术的赞叹之情。

师：分析得好。注意，作者为什么独独把这句话放在了最后呢？他说："了不起，你们中国的人才太多了。"这句话为什么在最后才出现，放在第一段，放第二段，放第三段不行吗？但是他放在最后一段，这种的写作技法叫作？

师：有没有人能够揣摩出来，一般记叙文的写作往往最后要……

生：记叙文的最后是总结全文，抒发作者的情感。这个是表达作者对吕伟的喜爱还有赞叹，表达外国观众对吕伟的喜爱和赞叹。

师：过一会儿老师告诉你们两个字的秘诀。好吧，老师把大家的发言再小结一下，再加上老师的一些见解，使我们的学习内容更丰厚。这个时候的动作就是做笔记。

师：老师讲，你们记。

（生做笔记）

师：这则新闻特写的层次非常清晰。10米高台，准备跳水；优雅起跳，腾空入水；沸腾场景，赞叹之声。典型的三层次结构：前、中、后。这种结构在我们学习中有非常多的课文表现出来，包括小学学的《观潮》，潮来之前，潮涌之时，潮退之后，都是这样的结构。所以有了这样的经验，你对文章的分析能力就提高了。

师：（出示PPT）这则新闻特写的视角，这是新知识，第一段是"仰视角"，往10米高台上看，然后描写。第四段是"俯视角"，跳水、入水的描写。所以作者运用了"俯仰视角"进行细腻的动作描写。

师：（出示PPT）这篇文章的开头一段很值得欣赏，它叫场景的描写、场面的描写。第一句话是定格的描写，写静态的运动员，然后两次用衬托手法来渲染情境。

师：（出示PPT）这篇小小的美文的语言特色：大量运用四字短语，进行生动形象的描述。

师：所谓语言的特色，也是通过某一种特别的表现来概括出来的。

师：（出示PPT）"飞天"凌空修辞之美，比喻优美，同时比喻充满赞叹之情。我们不仅要看修辞手法，还要欣赏它的作用。

师：《"飞天"凌空》这则新闻特写的描写展现了生动的画面，形成强烈的视觉效果。这是新闻特写要特别注意的表达特点，有画面感，让读者如临其中。

师：（出示PPT）老师要告诉你们一个秘诀，最后一句话既是侧面的映衬又是巧妙的点题。"了不起，你们中国的人才太多了。"这一笔叫做"点题"。这则新闻非常了不起的地方就是以客观的议论为主，外国记者，印度观众，达卡多拉的观众，都是从客观的方面来进行描写的。作者自己的议论只是点示一下，所以客观的议论，巧妙的点题，它就特别能站住脚。用别人的议论来表现我们运动员的高水平。（出示PPT）

师：这篇小文章告诉我们写作的规律：写运动竞技的文章，要运用衬托手法。当然不只是运动竞技的文章，写集会、写表演都可以用侧面映衬的手法。这是在写作上给我们的启迪。

师：（出示PPT）同学们，大家看一看，这小小的文章居然能够带给我们如此丰厚的收获，这就是课文的魅力。

师：好，我们再关注一下吕伟，"十六岁的吕伟"读——

生：（齐读）十六岁的吕伟，身材修长，在10米跳台上如"飞天"凌空，赢得了金牌。她是跳水集训队里最年轻的新秀。

师：谢谢大家，下课。

生：起立，谢谢老师，老师再见！

师：谢谢同学们，同学们辛苦了，谢谢！

· 听课回响 ·

一堂朴实厚实的语文课

云南省红河州泸西县第二中学　王志芬

余映潮老师有关课堂教学设计的五句话：非常讲究"课文研读"，十分重视"教学思路"，关键在于"课堂活动"，时时关注"能力训练"，精心考虑"知识积累"。余老师还强调语文教学五个永恒的关注点，即语言学用、技能训练、知识渗透、集体训练、气质养成。余老师的这一教学理念，在《"飞天"凌空》这一教学中得到了充分的体现。

一、切分板块，思路清晰

余映潮老师说："板块教学是提高课堂效率的最简做法。"

余老师《"飞天"凌空》就是以教学板块来整合学习内容、形成教学流程、结构课堂的教学思路。

（一）知识卡片

新闻：报社、通讯社、广播电台、电视台等新闻机构对当前政治事件或社会事件所作的报道。新闻要求迅速及时、真实、言简意明，以事实说话。

新闻特写：截取新闻事件中最有价值的片断，集中笔力，着重描写其精彩瞬间，鲜明再现典型人物、事件、场景的一种新闻体裁。

一句话概括文意：《"飞天"凌空》报道的是1982年11月24日，在印度新德理举行的第九届亚运会上，中国运动员吕伟获得女子10米高台跳水冠军的事件。

（二）读一读

（三）写一写

（四）背一背

（五）品一品

（六）美点归纳

余老师按"读一读，写一写，背一背，品一品"的教学板块逐步进行，先通过"读一读"读懂与新闻特写相关的知识，读准生字。再通过"写一写"写好字形，积累短语。接着利用"背一背"这一环节，进行课文集美，并在"品一品"这一版块，让学生就课文中的或一处美词、或一个美句，或一个美段，或一种手法，进行旁批。最后老师归纳总结出这篇文章的美点所在。这样的板块组合，由字到词到句到篇再到品味赏析，由易到难，逐层递进，引导学生通过积累、梳理和整合，逐步掌握祖国语言文字特点及其运用祖国语言文字进行交流沟通的能力。同时几个板块的组合使得整堂语文课教学思路清晰，师生活动井然有序，充分体现了教师设计教学时的技艺、创新意识与审美意识。

二、淡化提问，活动依然

余老师说："不提问，最有意义的事是将教学中的大量时间交给学生，让他们去完成读、写、听、说的课堂活动。"

在《"飞天"凌空》的教学中，我们看不到余老师的提问，但学生的活动却很丰富。

读一读：学生齐读知识卡片的活动。

写一写：积累字词，短语的活动。

背一背：积累优美句子的活动。

品一品：品析美点，发展语感，体味课文情韵的活动。

语文教学的核心理念是让学生在大量的实践活动中学习运用语文的规律。课堂上我们要确保学生的活动，要有动也有静。余老师的这堂课就有动的活动，也有静的活动。动的活动就是朗读、背诵、品析，静的活动就是思考、批注、做笔记等。在本堂课中，余老师淡化提问，关注学生的时间效益，用丰富的语文活动来使学生在实践活动中提高自己学习语文的能力。

三、积累字词，夯实基础

中学语文阶段的字词积累教学是读写教学中非常重要的内容之一。字词教学重在理解、运用和积累，就学生而言，是知识的积累、语言的积累、基础的积累。因此，落实字词，积累字词，夯实学生特别是义务教育阶段学生的语文基础，有着非同寻常的意义。

余老师《"飞天"凌空》的教学就特别注重字词的积累。课标说："语文课程是一门学习语言文字运用的综合性、实践性课程。"余老师的语文课就是让学生多读多写，日积月累，在大量的语文实践中体会、把握运用语文的规律。

四、含英咀华，课文集美

课文集美，是精心设计有序的语言品析与积累活动，在活动中让学生得到审美教育、语言教育、学习技能教育以及思维训练。

余老师在《"飞天"凌空》的教学中，要求学生对文中精彩的"瞬间描写"进行圈画，组合，圈画若干句子，组合成一则描写吕伟跳水时瞬间美姿的微文。

教师出示自己的微文，并要求学生背诵微文。

课文集美，是精心设计有序的语言品析与积累活动，在活动中让学生得到审美教育、语言教育、学习技能教育以及思维训练。课文集美让学生积累了大量的写作素材,为学生的写作提供了源源不断的活水。同时余老师的课文集美也让学生意识到课文处处是素材,课文处处是美篇。只要学生善于发现,善于积累,善于背诵,写好作文也不再是难事。

五、美点寻踪,品位高雅

"美点寻踪"式阅读教学,是品味高雅的阅读欣赏活动——在教师的指导之下,同学们在研读、品味、探求、欣赏之中找出课文中自己认为写得恰切生动的形象,给人强烈的美感,给人有力的感染,给人生动的启迪的好语言、好笔法、好画面、好形式等内容。

余老师在《"飞天"凌空》的教学中要求学生就课文中的或一处美词、一个美句、一个美段、一种手法,进行旁批。

教师挑出有表现力的句子让学生仿照课本上的评点进行批注。

"美点寻踪"是一种审美的教学,是一种作品欣赏式的教学,它既可以运用于文学作品,也可以运用于一般社科文章。这则新闻特写很短小,但余老师引导着学生从新闻特写的层次、新闻特写的视角、新闻特写的语言、新闻特写的开头、新闻特写的修辞、新闻特写的描写、新闻特写的手法等方面进行赏析。这样长期的训练,可以逐步养成学生的审美能力、艺术趣味和欣赏个性,提高学生学习语文的基本素养。

钱梦龙先生说:"语文课就是一门帮助学生学习祖国语言文字的课程。"

余老师《"飞天"凌空》这堂语文课上得很朴实,但课中所有的教学活动都有助于学生正确、熟练地理解和运用祖国的语言文字。从这堂课的教学中我们看到余老师一直坚持利用课文,克制碎问碎答,关注时间效益,丰富活动形式,强调课中积累,提高课堂效率。余老师的课堂所有的活动都是指向语文的特征,字词的积累训练了学生积累的能力,微文的组合训练了学生提炼文本的信息,一句话概括文意训练了学生概括的能力,批注精彩描写的瞬间凸显了新闻特写的特征。余老师把一篇简短的新闻特写上得如此的厚实,如此丰富,让学生真正学有所得。这是一堂纯粹的语文课,是一堂朴实厚实的语文课。

于无声处听惊雷，于无色处见繁花

山东省威海市城里中学　曲艳妮

2018年10月13日，美丽的泉城济南，"第十届名家人文教育高端论坛暨名师课堂研讨会"，与余映潮老师执教的《"飞天"凌空》就这样不期而遇。

真实、扎实、踏实、朴实的教学风格，让我深深折服。简明地上课，扎实地上课，有训练力度地上课，这是一位真正语文人的一堂"家常课"。简简单单的背后是返璞归真，是大道至简，是他对教学理念最精准的演绎：坚持利用课文、克制碎问碎答、关注时间效益、丰富活动形式、强调课中积累。

一、起要平直

习惯了在公开课或优质课上绞尽脑汁地导入设计，余老师的"知识卡片"直接导入却从从容容，不急不缓地引着学生上路了。没有刻意地虚张声势，没有明知故问地师生对答，教师的领、学生的学就这样开始了。

有人会说，我们的课堂要让学生自主探究，不能让老师的告知代替学生的学习。而余老师课堂上以教师的专业素养为学生植入大量的信息，这是不是一种简单的告知呢？我想我们应首先弄清楚余老师这节课的教学目的是什么，他告知的方式是否能够促成教学目的的达成，是否能够引导学生更充分的自主探究。很显然，余老师整节课的整体架构非常关照学生的认知特点。这种知识卡片式的告知是在学习之初对学生进行自主学习进行的一个铺垫，有了这些最基础的文本信息，学生的自主学习才有更充分的思考空间，更充足的探究时间，才能使训练、积累落地有声。

语文学习活动的设计，应该能激发学习兴趣、弥补知识漏洞、教给阅读方法、拓宽借鉴思路。只有这样的教学活动，才能在阅读中以文本为依托，延展学生的阅读空间，提升学生的阅读思维，落地语文核心素养。我想，我们的课堂上也需要适时、适当、适量的宣告和海量信息的输入，让学生在理解文本的基础上结合相关知识点进行知识建构，充分调动学生个人体验，触发学生思维，让"学生"和"文本"合二为一。

二、承要春容

余老师以板块式教学，领着学生在文本中来来回回地走。"读一读""写一写""背一背"，从引领学生认读字语开始。读准字音、写好字形、理解词意、积累短语、背诵微文，一个个学习活动有序推进，余老师边讲解知识要点，边指导学生进行活动。这种由易到难、梯次推进、高强度、大容量、注重积累的基础知识学习训练活动，是语文教学最基础的工作，也是我们教学中常常忽略的地方，而余老师却扎扎实实地做、认认真真地落实。

余老师的课堂，不炫技亦不炫才。他对基础知识的教学也引起了我的思考，如何整合基础知识教学，做到不乏味、不枯燥。我想起了余老师的《给词写话，趣读课文》的阅读教学。"给词写话"是以语言建构与运用为基点设计的教学活动，借助有趣的说或写的活动，面向全体学生开展集体训练活动，让学生逐步掌握语言文字的特点及其运用规律，形成个体的言语经验。余老师紧贴着学情走，用文本自身的资源解决文本的问题，用学生自有的资源解决学生的问题，让课堂容量"大"一些，学生思维"广"一些，学生积累"厚"一些。

我们的基础知识教学，也可以借鉴"给词写话"，结合课后生字词，进行写句训练、写段训练，检验学生对词语的理解，考查学生对文本的解读，发展学生的思维品质。

三、转要变化

"课文集美"通过设置话题，创新设计活动，引导学生注重咀英撷华，通过提取精美语言及集聚美段美句的方式，组合出精彩的微文，借此让学生突破文本，进入字里行间，用体验激活文字，让文本走向内心。

"课文集美"，是教师教学设计智慧的展现，是利用课文文本训练学生能力、优化教材处理、诗化教学语言的一种创新之举，是对"一课一得"的一种落实，是对"一课一仿"的一种训练，是对学法和实践的一种检测与落实，是以审美鉴赏与创造为落脚点的语文教学活动。

我们的课堂教学中，也应该踏踏实实地回归文本，以能力训练点为突破口，促使学生连续不断地思考、想象、判断，让学生在丰富立体的语文实践活动中通过主动地积累、理解、梳理、优化以及再创造，在阅读中认识事物的本质，进而跨入深层次的理性审美活动阶段，提升学生的审美鉴赏与创造能力。

精彩的课堂各有各的璀璨，或灵动或深刻或朴实，而最好的课堂都如余老师的《"飞天"凌空》，看似普普通通，循规蹈矩，按部就班，实则简短却不单薄，简单却不简约，让人于无声处听惊雷，于无色处见繁花。

·课堂实录·

《任务情境·答问》课堂教学实录
执教：唐江澎

师：同学们，在日常的学习和生活中，我们常会面对一些特定的交际场景，要求我们按照交际任务、围绕话题来进行回答，清晰流畅地表达我们的见解，同时还要关注表达的风度以显示我们的教养。山东将面对新的高考改革，这种改革不仅是"3＋3"科目选择的变化，还有"笔试＋面试"的综合测试评价招生方式的变革。

今天我们将模拟一个大学招生面试的场景。请同学们特别注意，今天我有两个身份，当我站起来的时候我是你们的语文老师，当我坐在椅子上的时候我是大学的面试官。这两种身份是不一样的，前一种人教给你方法，后一种人决定你能否被录取，所以你要区别对待这两种人，明白吗？

请大家先熟悉一下游戏规则。我们将先进行现场选题，如果对选题不满意，你可以进行一次改换，但改换后只能回答所换的题目，不能再回答原来的题目。在题目选定之后，你有 1 分钟时间准备。听到我的指令后，你开始回答。你回答的总长度是 3 分钟，可以说不满 3 分钟，但不能超时。你如果说不下去，我不会像你的老师那样鼓励你继续说，所有来的老师和同学将给你现场打分,最后断定你今天是以优秀等级加分通过,还是以合格等级通过,或者是给你"再努力"的鼓励。所有同学都明白规则了吗?

生:(大声地)明白了!

师:(站立)我是什么身份?

生:面试官。

师:我现在的身份是语文老师,是面试官就不会和你们说这么多了。

(生笑)

师:准备选题。我们一共有8道题目,现在我们先请一位同学出场。谁将来想参加大学面试选拔呢?谁想试试?我现在还是语文老师,如果是面试官,我就收拾东西回去了。

(生笑)

师:好。请这位女同学上来吧!第一位同学答题,我们先模拟一下。这里有8道题目,请任抽一题,然后告诉我们你选了几号题。

生:我选了3号题。

师:请你把题目看一遍,确认是答题还是换题。

生:我答题。

师:请准备,时间1分钟。为了让听课老师和同学们听清楚,请你把题目大声读一遍。

生:高铁上,一位大叔占了你的座位且坚持不让,你会怎么对他说?为什么这样说?

师:(投影题目)请同学们看题目,大家一起准备。面试官还没来,我再提醒你一下,坐下去我就是面试官,你的答题点在这儿(指定站立位置)。你走到这里来示意开始答题,答题时间三分钟。

生:老师您好,我是一号面试官。(其他同学笑)呃,老师您好,我是一号选手。刚才说到的题目是关于大叔在高铁上占我位置的问题。我觉得这个问题对于我们这些比较正常的人来说,应该是先礼后兵。因为一个陌生人占你位置,我觉得第一反应,人应该会感到非常诧异,因为很少有人会遇到像你一样买了票,但是位置却被占了的问题。那么针对这个问题,我会跟他说:"您坐的是我的位置,我知道也许您很不想要,我不明白是您的家庭有问题还是如何，您是怎么到这个高铁上去的。如果您占了我的位置，那么您的位置会在哪里呢？"如果他还是坚持不让，那么说明这个人的确是那种用道理已经解决不了的人了。我就也许会采用其他的方法来解决，但是我还是会继续坚持教育他。比如说，我会给他讲一些人生的道理。就算是你不让我那是你的问题。你可以不让，那么我可以选择说我的直到他让我为止。这个问题比较严肃，因为如果你的位置要被占了，我想每个人都会感觉到非常不理解。关于这种大叔，就好像我之前在网上看到的一个"霸座男"，他和这个大叔是一样的情境。他会对这个，当时是一位女士，她对这个大叔是没有说什么，没有什么话是针对任何人说的，他就躺在你的座位上，你说什么他就回答：我也不知道，我也不清楚。这样的话正常人是无法理解的。所以说对这种人我唯一的方法就像我刚才说的先礼后兵。我会给他讲道理，如果不听我会继续给你讲道理，直到你听懂了我说的话为止。但是作为那种顽固的人实在说不通的话，那么我也没有办法，这样的话就只能采取强硬措施了。我觉得报警是一个最好的办法。我的发言到此结束，谢谢你。

师：（投影题目）我站起来时就可以说话，坐在那则不能说，因为我一旦讲话会影响评判的公平公正。我感觉今天这节课太重要、太必要、太及时了。大家看一下屏幕，把题目抄到本子上。对给定具体任务进行回答的时候，你必须清楚这是一场面试，要根据任务情境来做出回答。你的回答必须考虑三个方面的要求。第一紧扣题目，第二有层次且清晰的表述，第三得体有修养的回答。

下面我对刚才作答进行点评。

第一，题目是："高铁上一位大叔占了你的座位且坚持不让，你会怎么对他说？为什么这样说？"你的回答显然是错误的。问"你会怎么对他说"，你的回答应该是：我会这么对他说，接下来就是你说的话。而你却说：对于这种人我要先礼后兵，你回答的不是针对"你会怎么对他说"这个问题。其次，你为什么这样说，这才是要求你条分缕析地阐释你这样说的原因。所以这个题目分两层回答。一是说法，二是理由分析。想想刚才你做到这点了吗？就像你做高考题的时候，题目怎么问你怎么答。思维严谨性的训练要发生在任何一个生活场景里，而不只是在你做题目的时候。

第二,你没有敏锐地发现题目中的一个预设,或者说一个"陷阱"。"他占了你的座位并且坚持不让",是指有些话你都说过了但他还坚持不让。你显然把这个问题简单地看成了:就是占个座,请起来。这位同学虽然在回答时候及时调整思路,说明扣题意识越来越强,但毕竟今天这个场合特殊,一上来还是没把它当面试,仅当成课堂回答问题了。其实这种模拟面试答题是要考察你思维的清晰性、集中性和审题的严谨性,这方面做得不是很好。

她有两处表现非常好,可以得分。一是在没有任何提醒的情况下,她上来先主动跟我打招呼:"老师您好!"这是非常棒的。这就是我此前所说的第三点,你的教养和风度。最后走的时候说"就这样,谢谢",应在她的态度教养方面加分。但她错失了一个重要的表现智慧的机遇,就是一开始的口误,说自己是"一号面试官"。我们要把握这种机会,用于给你增分。比如你可以这样说:"老师,我看见面试官时实在是太紧张了,以至于我自己都想成为面试官了。"这样一说,面试官会立即觉得:聪明!这些都是你的增分点。

现在,请大屏幕出示我们的评分量表。大家给一号同学做出评判。

	1号同学	2号同学	3号同学	4号同学
作答紧扣问题 (A是的;B不全是;C未做到)				
表述清晰顺畅 (A是的;B不全是;C未做到)				
表达得体优雅 (A是的;B不全是;C未做到)				
综合等第 (有2A为"优秀",有2C为"再努力",其余为"通过")				

师:(投影试题序号)下面哪位同学愿意参加面试?请举手。请这位举手的同学抽题。请告诉大家你抽的几号题。

生:4号题。

师:请你先读一遍题目。

生:"母校征集初一同学阅读书目,你会推荐哪本书?至少说出3个理由。"我想换一道题目。

师:好,他要求换题。那么这道题你将不能再回答了,今天后面参加面试的同学也都不能再回答这道题。请重新抽题。

生：2号题。

师：（投影2号题）请你先准备一分钟，其他同学抄题并思考，准备作答。"高铁上白发院士伏案工作的瞬间，为何会让无数网民感动、感慨？说说你的看法。"因为我这会儿还是老师，所以给大家读一下题。当我坐下去时，是不能读题的，因为我的语音可能会暗示或提醒某些重点信息。

（一分钟后）

师：请二号同学参加面试。

生：面试官，您好，我是二号。首先这位院士已经满头白发，一生中应该做过很多贡献。他本可以休息一会，但他还是伏案工作。正是因为有他们存在，国家才会更美好。谢谢评委老师。

师：请退场。我还是觉得站起来的感觉更好。我想让刚才多次举手的同学来评价刚才同学的回答。有哪些地方得体，哪些地方不妥当。

生：我觉得他思维清晰，但回答问题太草率，没有仔细看题目，没有仔细审题。

师：请将没有仔细审题的意思说清楚。

生：本题要求回答网友感慨的原因，但他这方面说的不多。

师：好，请坐，还有谁想发表意见？

生：首先，二号同学没有很好地面向老师回答题目。其次，这道题给了图，说明回答也要依据它，但是二号同学没有用好这个条件。

师：好，请坐。我想提醒同学们，要完成3分钟片段的答问，一定要列提纲。

师：下一位同学请抽题。

生：我抽的是6号题。

师：请把题目大声读一遍。

生：在这幅画面中，你看到了什么？又

想到了什么？请说说。

师：请准备。

师：时间到，请三号同学参加面试。

生：面试官你好，我是三号同学。在这幅画面中，我首先看到的是一对父子在雨中打伞的场景。父亲给孩子打伞没有顾及自己，于是我想到这个伞有点小。（师生笑）然后想到的是，如果下雨时刮风，以父亲举这把伞的高度，孩子会被雨淋湿，会感冒。我从这幅画面中还感受到了父爱如山，从中看到我爸爸对我的付出。我小时候很幼稚，甚至跟我父亲吵架。但是现在长大了一想就是……（停顿很久）我觉得这种身为父亲的责任是重如泰山的，这就是我的理解，谢谢大家。（掌声）

师：我想从三个方面做点评。第一，从扣题的严谨性方面看，三号同学的叙述层次可以分成两个方面。第一是描述画面的内容。她所用的是描述式的语言，虽有游离但大体能够扣准画面内容，标准的描述应该是——在这幅画面中，一个雨天，一对父子在向着家或其他的方向行进，伞太小了，显然没办法来全部遮蔽这对父与子。伞撑在孩子头顶，雨淋在父亲背上。这是第一个层次，是描述画面。这个画面足以感人，你必须把它说得更感人，让听的人动容落泪，这样你就成功了。第二是说你又想到了什么。这位同学在回答时，仍然是从父与子的关系角度来讲，话题没有偏离。所以说，从第一个角度来看，基本做到了紧扣题目的要求回答，可以给B等级。第二，从语言表达角度看，清晰，流畅，有层次感，是语言表达能力强的基本要求。流畅显然没有做到，而清晰也没有按照我刚才提示的基本要求去做。第二问是"你想到什么"，没有提到，想到的几点也是临时想临时说的，没有把思路理清楚。而且你所想到的小时候父亲和你之间的关系，游离了画面，从"爱的付出"这一点上想，不能想偏了。第三，从表达的得体的角度看，你的体态语言比较端庄，没有摇晃，没有眼神游离，没有手足无措等等，这可以得到一个相对比较好的一个等级。因为我们今天展开的是一个教学训练活动，所以没有给大家更多虚化的鼓励，而是提出了实实在在的要求。刚才和几位同学在私下交流的时候他们都说，点名的时候还是有压力的，听完点评之后觉得挺好，没压力了。时间有限，请最后一位同学抽题。

师：换题目吗？

生：不换。

师：可以换。

生：不换。

师：好，请说你是几号题。

生：7号题。"如遇老人跌倒，有人建议最好打电话报警，或者找好证人再去扶。现在，就有老人倒在你面前，你会怎么做？为什么这么做？"

师：请准备。

师：请四号同学参加面试。

生：面试官老师你好，我是四号同学。如果有位老人躺在我的面前，我会去扶他，但是在扶他之前我会找路过的其他人为我作证，证明这位老人的摔倒跟我没有关系，然后再去扶他。为什么这样做？首先出于人善良的本性，我会去扶他，但是在我不了解这位跌倒的老人是真的摔倒了还是假装的摔倒，我会找其他人来做个证明不是我碰倒的。（师生笑）所以我会先找证人，再去扶他。老师，我的作答完毕。

师：请问谁还愿意再回答这道问题？

生：首先，如果说有老人倒在我的面前，我一定会先找一个证人再去扶，因为之前报道过这个事情，而且不止一起。有些老人可能因为利益做一些讹诈的事情，但我一定会去扶，这是我们中华民族的美德。呃……有点紧张。

师：没事，我站在这，我不坐在那。（师生笑）

生：如果老人跌倒的情况比较严重的话，我可能会叫120急救车或者报警。

师：非常好，审题立意是很强了。

师：有没有同学愿意继续回答这个问题？

生：我如果遇到老人跌倒，会直接去扶，但也会观察老人的情况，如果是心脏病的话，直接去扶，情况反而会更糟糕，所以先了解那位老人的情况。如果有心脏病应尽量慢慢把他挪到一个安全的地方，不让他在地面受凉。如果只是有些外伤的话，那就先把老人扶起来。为什么这么做呢？因为先找好一个证人再去扶，我觉得对老人有点不尊重。从老人角度来看，他应该不希望别人怀疑他，直接去扶，老人心里也会好受一点。至于风险，不用担心，我相信应该不会有这样的老人。即使被讹了也没事，自己做了件好事。（掌声）我的讲解结束，谢谢。

师：好，那位女生好像还有想说的，再给你一次机会。

生：我会叫急救车，因为急救车里的医生会有专业的判断，而我们学生无法准确判断老人的情况，所以我就会先把老人扶起来，然后叫救护车将他送去医院，最后把他的家人叫过来。就这些。

师：好，请坐。我不想让同学就这个问题再展开讨论，否则就陷入一个技术的问题，就是这个老人该怎么扶？这不是我们讨论的重点。我们讨论的是你会怎么做，并且为什么会这么做。但是大家在审题的时候千万不要忘了前面预设的情境，那就是"有人建议最好打电话报警，也有人建议找好了证人再去扶。现在就有老人倒在你面前你该怎么做"。其实我们给出的背景是符合你们生活中的认知经验的。好多人都会说你应该怎么做。现在你就遇到了这个问题，这考验你在具体情境下处理复杂问题的决策力，这是核心素养。这是某大学招生面试时的原题。有一位同学的回答非常漂亮，得了满分。他的回答一定是出于他的内心，而他不是假装的。他的回答非常简短——我一定会去扶。为什么这么做？因为良心告诉我要去扶。就两句话，其他什么也没有说，面对这样的回答，评委们一致给出了最高分。我们不是倡导你实际不会这么做，却故作高姿态，而是希望你在面对道德两难问题时，依然要表明自己的态度。也有人回答，我一定会去扶，为什么？因为假如明天倒下去的是我呢？这种思辨性的回答让评委们频频称赞。它不是要你判断先叫警察还是先喊救护车，这是用来故意扰乱大家思维的，最后绕来绕去大家都被带进沟里去了，觉得叫家属和大家不一样，这一样也是绕进去了。题目考察的是思维的深刻性。

最后我想给同学们提醒三个方面。第一方面，在生活、学习的任何情境中，都有许许多多的表达任务，在完成这些任务时，我们一定要注意三条。一是紧扣问题回答，不游离于题目。这表现的是我们思维的同一性，不凌乱。二是列提纲，分层次表达。这体现的是我们思维的清晰性和层次性。三是在任何场合，都要注意我们的伦理教养，体现我们的风度，这表现的是得体性。

第二方面，我们千万不要把日常的表达和面对具体情境的表达分割开来。在日常的情境中，也要尝试用这样的方式来训练，每天都提醒自己、要求自己，我们的表达质量自然就会提高。还有第三方面，语言表达能力的提升是一个历练的过程，它不是靠今天讲的方法就能提高，而是依赖于你开口讲的实践。你如果经常以这样的表达来要求自己，那么获利的不仅仅是口语表达能力，还有书面表达能力。如果把今天所有的题目都看成一篇小作文，我们今天不正是在做非常有效的作文训练吗？所以，我们今天创造了这个机会，设置了这个情境。

我们的人生若是只奔着考试去，那永远只能提高我们的第一种技巧，但如果把这种能力放置在我们人生的教养这样一个大的背景下考虑，我们的收获就不仅仅是一个技能，而是我们一辈子都能拿得出手的关键能力，这就叫核心素养。（掌声）

今天还有非常好玩的两道题，给大家作为课后作业。我的作业要求非常高，请严格按照我们面试的规则流程进行，准备1分钟，说3分钟。注意，3分钟的内容要用录音器材录下来，然后通过语音转换软件转换成文字，看看你的口语表达中有多大的问题要纠正，如"接下来呢，然而啊……"。（生笑）如果每天坚持录一分钟的音，你就会发现要不了两个月，你的表达能力会大大提高。有没有兴趣完成今天的两个作业？

生：有。

师：好，请展示题目。8号题："回望高一，哪一个词让你怦然心动，说出来分享一下。"1号题："2049年会是什么样的呢？给大家说一说这一年10月某个早晨你的生活场景。"每次面试，同学们都会有这样的感觉：我抽到的题太难了，我没抽到的题真简单。其实每道题都不简单，我们今天的八道题难度都一样，都有你可能没注意的小问题，都需要认真地去面对。记住今天的课，记住我们日常的口语历练，谢谢！下课！

生：老师再见。

附录：

问题 1：回望高一，哪一个词让你怦然心动？说出并分享你的感受。

北京三十五中学生发言：

面试官您好！如果说高一有一个词让我心动的话，我选择"军营"这个词。高一时我们参加了军训，这期间我们每一个人都收获很多。对我个人而言，因我从小身体不是很好，军训使体魄强健，让我更有耐力和决心去坚定地完成自己想完成的事情。

同时我在军营中感受到了友情。我们宿舍的每一位同学都对我非常好，在非常艰苦的环境和高强度的训练中，我们每个人都互相护持，这是一种团结的力量。军训的经历让我感觉 5 班这个集体对我的支持和鼓励。

再者，军营这个词，我从小就非常喜欢。因为小时候我经常去天安门广场看升旗。看到军人走得非常帅气，非常羡慕，感受到国家的强大。军训的项目有齐步走、踢正步等，这让我感觉自己长大以后也要成为像他们一样的人，去顶天立地，挺起胸脯，肩负一种责任。我觉得不管是军营还是生活中，我们都要带着军训的力量和坚持，坚定地做我们要做的事情，把我们认为正确的路用正确的方式走完。这就是军营这个词让我心动的原因。

师：这位同学所选的词是"军营"。她从三个方面进行了阐述。她的回答显示出很高的水准。我接下来从三个方面进行分析。第一"有一个词让我们怦然心动"。她选择了一个最具有高一特色的词"军训"。这是高一特有的词，扣题很准。如果说激动，哪年不激动呢？题干中每一个词信息都不多余，都有特定指向。第二是题目设的"坑"，很深。她也说透了，很不容易。"说出并分享你的感受。"感受是结合自己亲身的体验，不是讲道理。她所说的第一条是关于意志力的磨砺，第二条是团队的友情及力量，第三条是借天安门的经历表达从小对军营的向往。这些都是说感受。命题人设置的所有"陷阱"她都避免了。

我还想提两点改进意见。她在叙述的时候仍然没有抓关键词。如果抓住关键词用整句的形式表达，会非常流畅，有气势，有文采。整句的句意相近、句式相似、结构排列相当整齐，表达非常流畅。回望高一，最让我怦然心动的是那绿色的军营,至今想起仍然感觉无限温暖。为什么会对这个词怦然心动?大约是我从中感受到意志力的磨炼,团队的关怀和志向的确立。第二个,在抓关键句时要特别当心。你有抓关键句的意识,但还要有归总、明序意识。要是能做到明序,关键句处理自然就会很好。她把这三个感触说完之后,最后说了这么一句话:"在人生中,不管是军营生活,还是今后……"有收尾意识。当你把一个点扩展到一个面,表现出收总意识的时候,还要回望。这三句话中你说到了"力量"和"坚持"。那么你就更应该回望你前面的"磨炼意志""团队的温暖""明确人生志向后的坚守"。其实不仅是"军营"有上面的三个感受,我们一生当中都需要有意志的磨炼,它给我们力量;都会有团队的支持,它使我们获得温暖;都会有志向的坚持,它使我们成功。这样表达会更好。此外,你的回答里有个别词句是表达中的旁逸斜出,军人的顶天立地和后面的责任担当有些缺乏关联。综合评价非常棒,如果你要参加面试,一定是优秀等级,加分通过。

问题2:你最喜欢余光中《台东》这首诗中的哪一节?请说说理由。

台东

余光中

城比台北是矮一点,天比台北却高得多。

灯比台北是淡一点,星比台北却亮得多。

街比台北是短一点,风比台北却长得多。

飞机过境是少一点,老鹰盘空却多得多。

人比西岸是稀一点,山比西岸却密得多。

港比西岸是小一点,海比西岸却大得多。

报纸送到是晚一点,太阳起来却早得多。

无论地球怎么转,台东永远在前面。

江苏省锡山高级中学学生张艺萌发言:

我最喜欢《台东》这首诗中最后一节:"无论地球怎么转,台东永远在前面。"因为全诗采用的是分总结构,前面七组对比均是为引出最后这句结论。

我认为最后一句话至少包含3层含义:第一,最浅显地说,在地理位置上台东位于台湾东面,比台北更早接受到日照,这是"台东永远在前面"的一个原因。第二,台东象征了一种自然的、原始的生活方式,而台北则象征了一种忙碌的、繁华的城市生活。从人类演进来看,人类社会都是从台东式的田园生活、农耕社会演变到台北式的后城市化、工业化社会。因此台东这样自然朴素的生活确是人类社会本真面貌。第三,多年来,人们习惯了在"台东"自然和谐相处,并在自然中获得美,体验生命的真实。而城市化后现代文明不断侵吞自然,当高楼林立,"台北"的人们远离了自然,对美的感知力也在日渐衰弱。

"台东永远在前面"意味深长。在城市森林里被囚禁的人们不应该忘记自然——我们的精神原乡。我们更应该把对自然的亲近和敬畏放在对城市化后的畸形追求前面,把灵魂丰盈和温柔放在世俗的营营役役前面。

师:任何一位评委都会对你的表达给予最高的等级,几乎没有瑕疵。你征服了评委,不仅是靠言语的力量,更主要的是思想的力量,文化厚积的力量!

· 听课回响 ·

口语交际实践课中问题设计的原则刍议

江苏省锡山高级中学　丛冬兵

今年十月份,省锡中唐江澎老师在济南、北京和无锡三地分别为当地学生上了一堂题为"任务情境·答问"的示范课,"问答"内容主要由四组8个问题构成。本文试图以这8个问题为突破口,去探讨和提取口语交际实践课中开放式问题设计的基本原则,以期对普通课堂的提问方式产生指导意义。

这四组8个问题依次是:

(1) 2049年会是什么样呢?给大家说说这年10月某个早晨你的生活场景。

（2）高铁上白发院士伏案工作的瞬间，为何会让无数网民感动、感慨？说说你的看法。

（3）高铁上，一位大叔占了你的座位且坚持不让，你会怎么对他说？为什么这样说？

（4）母校征集初一同学的阅读书目，你会推荐哪本书？至少说出3个理由。

（5）你最喜欢余光中《台东》这首诗中的哪一节？请说说理由。

（6）在这幅画面中，你看到了什么？又想到了什么？请说说。

（7）如遇老人跌倒，有人建议最好打电话报警，或者找好证人再去扶。现在，就有老人倒在你面前，你会怎么做？为什么这么做？

（8）回望高一，哪一个词让你怦然心动，说出来并分享你的感受。

以上问题均属于"独立答问"环节，此外，还有一个作为备用的"无领导小组讨论"环节，问题设计如下：

艾略特曾说，"理想与现实之间，动机与行为之间，总有一道阴影"。你是否认同这种说法？为什么？

日本教育素有"考试地狱"之称，但18年里却有18人获诺贝尔奖，有人据此得出结论：应试教育并不见得培养不出杰出人才。你的看法是什么？

在这些问题的打磨和形成过程中，因为不符合问题的设计原则而被放弃的有：

有人认为范冰冰补交了税就应该放过，谁能不犯错误呢？也有人认为，即使交了税还要抓起来。对这件事，你的看法如何？请说说道理。

有同学说你的偶像鹿晗很"娘"，你怎么回应？什么是今天该有的"男生气质"？

从牙牙学语开始，我们已经学了十多年的语文，而且还将继续学下去。既然语文会相伴一生，那么你与她同行时对她有怎样的期待？请描述你心中理想语文课的样子。

如果将每一道问题在设计过程出现的不同表述也统计进来，从问题设计的立意开始，到问题的最终定型，这中间共经历50多题次。"之所以如此不厌其烦地精细打磨，是因为我们在乎每一个问题指令发出后在学生大脑中所产生的应激反应，这无法言说，但又真实发生。唐江澎老师在语文组教学研讨会上指导青年教师时，围绕这个话题打过这样一个比方，他说：'教师上课，就好像是做家具，无外乎三点：一是实用性，符合人们的生活需求；二是时尚性，符合人们的审美需求；三是精细性，符合人们的质量需求。'"（摘自《唐江澎与体悟教学》，唐江澎著）这番话最好地解释了我们如此磨题的原因。

问题是引导一堂课走向的坐标，是有效教学的起点，是理解性课堂的基础部件，所以问题的拟定需要遵循一系列行之有效的设计规则。作为体悟教学共同体的成员，除听课反思外，我们更便于从授课者的课堂立意、构思和生成等方面综合提取和归纳问题设计原则的原始资料，从而形成精准的表达。在回顾和反思本节课的设计理念和实践操作的过程中，通过梳理磨题时的自我否定与学情演练，总结课堂上学生的反馈效果与理解程度，我们最终归纳出以下三点原则。

第一，目标性原则。在课堂设计还停留在理念阶段时，唐江澎老师说明确提出"问题设计的第一步是'问点'，即设计该题（组）的立意，需要用它来实现怎样的教学目标"。由于本次课定位在"口语交际实践"，故而问题不能设计为仅以"是"或"否"来回答的闭合性问题，而是以新课标理念的表达为基础，并结合本节课的特点来确定。本节课的目标是学生在对题目有完整认知的基础上，结合自身的生活体验，层次清晰、有理有据、语言流畅、仪态得体地表达出自己的想法；通过对所选问题的思考和表达，学生能够形成或表现出积极向上的情感态度和价值观。基于此，我们放弃了两道关于"范冰冰漏税"和"鹿晗很娘"的问题。它们虽然接近学生生活，但终究还是娱乐圈的事，而关于税务法律属于学生知识盲区，而鹿晗也不可能是所有学生的偶像。这些题干的隐含信息都是现实教学目标的障碍，将会背离"问点"，问题的立意终难实现。

第二，情境性原则。"当我们不能把一种正确的活动情境带给学生时，学生可能也会产生强烈的兴趣，但却不会走向我们需要的教学目标"。（摘自《在亲历中感悟意义》，唐江澎、张克中著）所以唐江澎老师在跟我们体悟教学研究小组磨课时，将问题设计的第二步称为"问域"，"即为该题（组）设计的情境"，它是学生大脑发生思维行为的模拟场域，通过提供具体语言环境的方式，使之不至于凭空臆测。模糊的边界，隐约的范围，既给学生的思维与表达带来困惑，也给评价标准的制订带来麻烦，而一个清晰明确的"问域"既框定了思考与表达的区域与边界，又让评价有章可循。以"母校征集初一同学阅读书目，你会推荐那本书？至少提出三个理由"为例，在本题定稿前，曾依次讨论过这样几个题目"请分别为小学、初中、高中、大学的一年级推荐一本书？并说明理由"；"要给初一学生确定阅读书目，你推荐哪一本？"；"请给上初一的母校学弟推荐一本书，至少说出三点理由"；"请给母校初一的同学推荐一本书，至少说出三点理由"。在这些被放弃的题目中，除第一道偏离"问点"外，其余三道均在情境提供上做了大量的斟酌和推演。第二道情境过于单一，而单一的实质是没有"问域"。第三道题增添了"母校"这一语境，这是研讨题目时的一个重大突破，它能给答问者一个亲切的情境，并规范了答问者的表达是在了解母校阅读氛围和阅读体系的基础上作答，同时，也使答问者在推荐时，能结合自身阅读史和学校推荐史两个因素考虑。更深层的是让答问者在推荐时从情感态度上表现出对母校的情怀。但第三题中的"学弟"一词带有明显的性别色彩，所以放弃。第四题与定稿题目最大的区别在于情境的丰富性和真实性，以及主被动关系。"母校征集"意味着母校向校友发出邀请，而"请……推荐"的要求发出者还是命题人或授课老师。在多次质疑与否定之后，题目的设计最终符合了唐江澎老师在我们小组研讨会上提出的关于问题的四个要求："一致性，驱动性，便于获取评价证据和指令清晰传递"。

第三，规范性原则。唐老师说："问题设计的第三点才是'设问'，即给予'限定性条件'。"这是对作答者提出规范性要求，同时也要考虑作答者的平均思维水平和知识储备的基础，在问题中适当设"坑"，增加问题思维难度，考查学生思维品质。以"如遇老人跌倒，有人建议最好打电话报警，或者找好证人再去扶。现在，就有老人倒在你面前，你会怎么做？为什么这么做"为例，在问题的设计上，命题者已经给出了两个答案。显然命题者不是要求某位学生与众多网民在极其不公平的环境下比拼解决问题的能力。这道题和"高铁上，一位大叔占了你的座位且坚持不让，你会怎么对他说？为什么这样说"属于同一问题视角。第一个题并不是需要一个毫无破绽的答案；第二题也不是需要学生想办法将大叔"说"走。而是希望学生思考后得出一个有价值的答案，这也是两个问题都有"为什么这么做（说）"，这个追问的原因。"老人跌倒"所需要的不是对已知答案的延续和补充，已知答案虽是扶弱助困，但有利益至上的原则。在每个人都会成为老人，每个家庭都有老人，每个老人都有可能外出，而每个老人都需要帮助的普遍情况下，这道题目特别需要的是一些有情怀、有胆识、有担当的表达，而不是两全其美、面面俱到的答案。而"大叔占座"一题，已经有一个前提是"坚持不让"，学生要做的事情是跟他说话，而不是将他赶走，这是要求学生能够准确理解题目，不被惯性思维或经验主义带走，带进"坑"里。所以说，"好的问题能够引出有趣的和可选择的其他观点，要求我们在发现和维护答案的过程中聚焦于推理过程……激发已学知识、生活体验与当前学习内容之间的意义关联"。

一堂任务教学的经典课

江苏省锡山高级中学　袁晗毅

《任务情境·答问》是唐江澎老师在山东济南执教的一堂公开课，产生了积极广泛的影响。我作为唐江澎体悟教学研究社群的一名成员，不仅现场观摩学习，而且有幸参与备课磨课的全过程。这节课是新课标背景下任务教学的一堂经典课，为我们提供了任务教学的范式。因此，我选择任务情境教学的特征、情境背景下的真实学习的角度解析这节课作为任务教学的要素，挖掘这节课背后的教学意义及教学智慧。

一、设置情境，进行"答问"任务教学

任务教学在创设的情境中以任务组织教学，在任务的履行过程中，学生作为意义建构者参与体验、互动合作的方式进行学习。在任务教学中，情境对任务产生有着重要意义。情境是任务产生的环境。任务要具有生命力，应作为过程存在于具体生活场景、问题情境中。任务往往在情境中呈现和解决。

为此，在进行任务教学时，教师应在教学过程中引入或创设具体情境，任务则作为具体要求推动了学习，学习激发了表达，表达最终让学生真实发生并走向深度。从这个意义来讲，情境是任务教学中学习真实、深度发生的前提条件。

情境缺失、机械告知是语文教学中熟悉的画面与顽疾。任务教学中情境的价值不妨从假设没有情境这一角度来审视。这节问答课如果缺乏大学面试情境，我们看到的可能是这样的画面：教师在课堂讲解问答方面的知识方法，将其以告知方式呈现给学生。比如面试开始要先问好、回答结束要说"我的发言完毕，谢谢"等基本礼仪，比如对问题要审题仔细、紧扣题目要求回答等等。而学生则毕恭毕敬地一边听老师告知的方法技巧一边做着笔记。然后老师提供任务对学生进行训练……这种情境缺失、单一告知、机械训练式教学最大的弊病就是学习低效甚至无效，因为学习并没有真实发生。

唐老师在这节课中创设了两类情境——作为教学整体性情境的大学面试和作为问题设置的情境的8个任务问题。整节课都是围绕大学面试这一情境进行任务教学，学生以参加大学面试的学生身份沉浸在这一整体性情境中进行活动体验和深度学习，而8个具体不同的问题又将这些"面试学生"带入到具体面试情境中。比如3号题"高铁上，一位大叔占了你的座位且坚持不让，你会怎么对他说？为什么这样说"，"你会怎么对他说？为什么这样说"这一任务是在"高铁上，一位大叔占了你的座位且坚持不让"的具体情境中呈现并解决的。脱离这一情境，"你会怎么对他说？为什么这样说"的任务要求也就丧失了生命力。

情境具有鲜明的综合性、整体性特征，不存在在某一情境中孤立地考察某项能力的情形。情境考察的是学生整体素养。大学面试这一教学整体性情境，综合地考察、指导了学生的读题审题能力、思维清晰性与集中性、现场应变能力、表达伦理、人文素养积淀等能力素养。学生基于具体情境在完成任务的过程中，将自己的知识能力素养结合起来，培养了综合能力，厚实了素养。上述学生的能力素养都是在大学面试这一特定情境中综合、整体地呈现的，彼此无法割裂。课堂上一位学生抽取了题目，经过准备开始发言，没想一出口居然这样说了"老师您好，我是一号面试官……呃，老师您好，我是一号选手",全场大笑。显然这是他紧张导致口误。这是课堂上的一个小插曲,但却真切表明任务教学中情境综合整体地呈现了学生的能力素养。再比如 5 号题"你最喜欢余光中《台东》这首诗中的哪一节?请说说理由"。任务中设置的品读余光中《台东》情境,则对面试学生的文本解读能力、口语表达能力、人文素养等有着综合要求。正是基于情境的综合性整体性特征,教师在课堂教学时对学生指导应指向整体,深入能力素养以及价值观层面,而不是割裂单一地从技术方法等角度的指导介入。

任务情境要指向语文核心素养。《任务情境·答问》这节课设置的任务情境紧紧指向"语言建构与运用""思维发展与提升"这两个语文核心素养。整个课堂中,学生的学习始终指向大学面试情境中的言语答问能力,表达思维在深度学习中得到很好地训练。有些语文课堂也设置了情境,学生在教师指导下体验、讨论,教室里热热闹闹,但学生的语文能力素养并没有得到提升,原因就在于设置的情境并没有指向语文核心素养。

二、任务真实,促使学习真实进行

任务设计中,任务所使用的输入材料应来源于真实生活。要尽量创造真实或接近于真实的环境,让学生尽可能多地接触和加工真实的学习信息,使他们的课堂所学在实际生活中同样能得到有效的应用。这节课中无论是大学面试这一课堂整体性任务还是具体的 8 个任务问题,都具有真实鲜活的生活特征。大学面试以及其他形式的面试是高中生在未来成长中要面对的真实问题,他们将在一次次的面试中接受挑选、展示自己、实现自我。8 个具体的任务,都是从媒体网络或学生学习生活中剪辑提炼出来的,可以说是源自原汁原味的生活现场。比如八号题"回望高一,哪一个词让你怦然心动,说出来并分享你的感受"让课堂里的高二学生倍感亲切,真切地唤起了他们脑海中高一学习生活的点点滴滴。

任务教学的基本出发点是任务的真实需求分析,问题任务要指向学生学习与生活的内在真实需求。脱离学生的真实需求而设置任务,其学习的有效与深度也就成了空中楼阁。唐老师在这节《任务情境·答问》备课设计阶段就深入分析高中生学生口语交际能力的真实学习需求。我多次听到唐老师对当前高中生口语交际能力相对缺失的担忧:日常课堂答问环节中读题审题能力缺乏以至于答非所问，学生回答问题时"然后……然后"的表达习惯背后是表达逻辑层次的缺失，日常表达中时常出现的价值观混乱错位等等。他正是基于当下高中生口语交际问答中的问题厘清了他们在此领域的真实学习需求。任务教学中的任务问题源于学生真实需要，课堂学习对学生的生活与学习具有独特的意义与价值，学生对语文学习自然就产生了积极的情感，因此也就有了学习内容意义的自我建构。

学生问题的真实解决，是任务促使学习发生的体现。课堂教学的有效性体现在学生收获了什么、收获了多少、有多少学生有收获。学习真正发生了，学生有实际获得，这样的课堂才是有效课堂。简而言之，就是学生通过课堂的任务学习解决了存在的问题，因此获得真正的提升。唐老师这节课之所以产生积极广泛影响，重要原因之一在于这节课中学生的问题有真实的解决。比如这节课伊始，从发言情况看，学生思维的清晰性和层次性表现不佳。回答3号题的那位同学有一分钟的准备时间，但他并没有在这一有限时间内借助提纲梳理自己的答题思路，他有3分钟的回答时间，但实际答题表述时间只有1分多钟，没有充分利用表达时间，而且中间思路多次停顿。在其后的点评中唐老师基于学生现场学习问题明确给出了学习建议："我想提醒同学们，要完成3分钟片段，一定要列提纲。"在接下来的问答环节中，现场所有学生都能够尝试在准备时间快速列出提纲，分层次表达，学生通过具体任务解决了先前思维清晰性和层次性存在的问题。

三、教师角色，学生学习的支持者

基于情境的任务教学对教师在课堂的角色提出新要求。教师在课堂教学中应以学生学习的支持者角色来促进学生的意义建构。教师主要依据理答实施教学。课堂理答包括归理、指导、评价等教学策略，是指教师对学生作答后的反应处理，是教师对学生答问结果及表现给予的明确有效的评价，以激发学生的注意与思考。理答是教师由告知知识转向支持学习这一角色转变的方法。

这节《任务情境·答问》课中，基于大学面试这一整体性教学情境，唐老师在课堂上事实拥有两种身份：语文教师与大学面试的面试官。如何在课堂上处理好这两种身份从而最有效地为学生学习提供支持，是这节课颇让人纠结的问题。唐老师采用了一种极具智慧的方式解决了这一问题，即站起来时作为语文老师进行教学，坐下时则是大学面试官一言不发。坐下去真实情境模拟、站起来教学这两个环节过渡自然，规避了学生作答时教师可能给学生带来的干扰，又为教师就学生回答后进行理答、提供学习支持创造了空间。

整节课唐老师都是先由学生基于情境完成问题任务，其后再进行理答。三号同学抽到6号题，PPT左边呈现一幅父亲为儿子打伞自己淋湿的图片，右边是设问：在这幅画面中，你看到了什么？又想到了什么？请说说。待学生作答结束后，唐老师从三个方面进行点评。首先从扣题的严谨性方面，肯定她通过描述式的语言呈现画面内容，整体上能够紧扣"在这幅画面中，你看到了什么"。在讲述"你又想到了什么"时她的作答仍然是从父与子的关系角度来讲。因此基本做到了紧扣题目的要求回答。接下来从语言表达角度指出这位学生表达流畅与清晰方面的不足。第二问是"你想到什么"，她的作答没有提到，想到的几点也是临时想临时说的，表达的层次思路有所欠缺。最后，从表达的得体性角度看，她的体态语言比较端庄，没有摇晃、眼神游离等不当行为表现等。

任务教学中，教师应围绕课堂教学内容做到心中有图式、方法体系，有指导的蓝图框架。教师指导什么、何时指导应依据学生课堂学习现场情景相机进行，要通过现场问题激活而不是依据预设机械告知。也就是说任务教学要求教师在课堂按照学生需求理出自己的教学逻辑，而不是按照已有的逻辑来告知式。简言之，教师课前有一个完整的预设教学菜单存于心中，但它在课堂只能通过现场问题激活呈现。这对教师要求的不仅是知识的储备，更是综合的教学艺术，尤其是具备善于现场捕捉指导时机的智慧。这是任务教学中教师极为关键的一项教学能力。唐老师作为著名语文特级教师，有着丰富的言语教学经验。他备课环节中基于任务情境下的答问这一教学框架梳理出这节课的教学重点，如思维集中性与深刻性、表达的清晰性与层次性、表达伦理、价值观等等，可以说他是早已"心中有蓝图"，课前就明确指导学生围绕哪几个方面进行学习。从整节课来看，唐老师依据学生现场表现进行精准点评，他作为大学面试官时坐下一言不发，这时心中对学生的发言进行深度分析，学生发言中的现场问题激活了他的教学逻辑和指向。他站起来作为语文教师时进行教学，就学生的作答表现进行评价。唐老师这种从现场捕捉指导时机、通过现场问题激活教学逻辑与指向的课堂理答灵动，显示出高超的课堂教学艺术。学生正是在唐老师这种课堂精准有效的学习支持下，基于任务情境的答问学习真实发生、走向深度。

《任务情境·答问》是新课标背景下任务教学的一堂经典示范课，通过设置情境进行"答问"任务教学，真实任务促使学习真实进行。整个课堂中，教师作为学生学习的支持者进行理答，为学生学习提供支持。这节课为我们提供了任务教学的范式。事实上，唐老师对唐江澎体悟教学研究社群成员也采用基于情境的问题任务的方式进行深度指导。我作为唐江澎体悟教学研究社群的一名成员，是这一指导理念与方法的受益者。我有幸参与《任务情境·答问》备课磨课的全过程。唐老师带着我们几位成员，从课题的选择、内容框架的确立、具体问题材料的选取与设置打磨，多次碰撞研讨。传统的研修方式往往是名师独自备好课，上完课后再对学习团队成员通过以例说法的方式进行专业指导。但唐老师转变了这种方法，采用团队成员参与形成的方式来指导青年教师促进专业成长。唐老师给我们布置作业，然后就我们的作业进行点评提出修改建议。比如唐老师让我们设计这节课中的具体任务问题，其后基于我们上交的作业从立意、情境、设问等命题技术三要素提出修改建议。其实他心中有关于这节课清晰、成熟的设计，对我们的指导培养也有清晰的意图指向，但他没有采用告知方式，而是通过任务驱动，让我们置身真实的备课设计任务情境，然后再对我们的专业表现进行精准指导。正是得益于这种任务情境式的指导，我们团队成员包括问题设计、课堂教学能力在内的专业素养日渐厚实，专业成长由此真实生发。

· 课堂实录 ·

《议论文写作指导课：论点的展开》
课堂教学实录

执教：史建筑

师：上课，同学们好！

生：老师好！

师：今天我们一起上一堂作文课。刚才跟同学聊，同学们在高一的时候，大部分时间是在写记叙文，有一些时间是在写议论文，刚才我也看了同学们带来的作文，同学们之间也做了交流。现在我想做一个调查。

师：（指投影）请同学们看投影。如果你在考场议论文写作中有以下经历，请举手。

（生看屏幕，陆续举手）

师：第一，因时间紧，没想清楚文章架构就开始写了。

（无人举手）

师：不错，都没有这种情况。第二，开篇速度较快，写了两三百字后，感觉无话可说了。

（大部分举手）

师：这个挺多的，继续。第三，写作过程中发现思路出现了问题，但也只能硬着头皮写下去。

（大部分举手）

师：越来越多。第四，写完后，发现后半部分几乎是前半部分的重复。

（个别举手）

师：咦！又少了。第五，整篇文章读起来，自己也不清楚是按照什么逻辑写的。

师：好。还有省略号呢，你感觉老师在以上情况中列举未尽，你再举一次手。

（个别举手）

师：其实，老师列举的这些问题，大家是可以提取出共同点的。

师：（指屏幕）那就是文章的架构思路。所以，今天这堂课，就是专门为了解决以上那些问题。

（出示课题：观点拆分——展开论点的基础动作）

师：今天呈现的是一个基础动作，就是你能学会拆分你的核心观点，慢慢在这方面不断地训练，有了自己的思维模型，以后会做得越来越好。

（出示学习目标：能够按某个标准合理地分解所要论述的中心论点）

师：同学们，请把这节课的学习目标记一下。

（生记笔记）

师：这节课干什么？围绕着什么来做？要达成什么？接下来是同学思考提问环节，你对老师投放的这个目标哪里不明白，请发言。

生：按某个标准去解释，具体是什么样的标准呢？

师：好，请坐，还有问题吗？

师：同学们对这个目标，还有哪些要素不清楚？

生：这个目标会不会固定我们的思维，没法展开思路？

师：你的担心我知道了，怕这个标准可能框住大家的思维，是吗？

生：嗯。

师：这个问题提得有道理。其他同学还有吗？

生：我想问，一篇文章具体的中心论点怎么判断？我怎么确定找出了题目中要求的中心论点？

师：刚才我看了同学们几篇文章，我感觉这确实是个问题。我就同学们提的问题大致做一个梳理解答。

师：我们先进入目标解读。大家试着记一下要点。

（出示目标解读一：中心论点：切题、规范、简明）

师：第一，中心论点有一个基本要求，大家会发现，在所有的考试说明和要求当中，"符合题意"永远放在第一位，也就是说，你的论点是这个题目或者材料之下的，是你能力范围内最准确的一个。当然你的能力范围内的准确，不一定等于这一道题最合理的解读或者立意，但是我们慢慢靠近，有了这个意识，我们就会做得越来越好。

（出示目标解读二：确定拆分标准）

师：还有一个标准的问题，这个标准是你自己根据题意确定的标准。

师：比如，按照逻辑顺序展开，这是你的标准；按照时间空间的顺序展开，这是你的标准。所以不会对大家造成较多的束缚和困扰。先来做的就是确定标准以及严格执行的问题。

（出示目标解读三：合理地分解、拆分、符合逻辑常识）

师：这里面藏着一个词，而这个词可能每个人对它把握的尺度不一样，它就是"合理"。

师："合理"的主观性比较强，我们如果给一个统一的标准，那就是你的拆分要符合逻辑常识。

（出示材料题目）

阅读下面的材料，根据要求写作：孔子说"绘事后素"，意思是先有白色的底子，才能在上面绘画。油画创作中，第一层着色被称为底色，底色会影响整幅画的色调。我们的人生发展又何尝不如此呢？要求：选好角度，确定立意，明确文体，自拟标题；不少于800字。

师：同学们前几天写过这篇作文，我们再来看一遍，温习一下。

（生认真看题）

师：大家可以进行一次复盘，把写作路径再摸排一遍。如果让你提取出这道作文题的核心论点，如何出现才是比较合理的？如果你的论点非常明确，呈现在文章当中，请同学们把你文章的核心论点标画出来。

（出示要求：写核心论点）

师：如果你感觉你的核心论点散落在文章中，无法独立呈现，你就用一句话把观点写出来。

（生低头作业）

（师巡视，并观察写作情况）

师：好，现在请同学把你标出的或写出的论点读一下。

师：（指定学生）从这位同学开始。

生：人的成长和社会的发展，是与其时代背景密不可分的。

生：人生基色决定了人的发展。

师：我们暂不评价，请继续读。

生：自信是取得成功的基本前提。

生：孔子所言"绘事后素"，人亦是如此，只有正确选对了人格底色，人生的画卷才会绚烂多彩。

生：个人成长需要底色，国家发展更是如此。

生：人生的底色是自信。

师：好，暂不评价，请大家看一套学习"工具"。

（出示课件：请勿轻易陷入"思维舒适区"）

师：在用这个工具之前，老师提醒一下，请勿轻易滑入"思维舒适区"！同学们都有一定的写作储备，对某些内容比较熟，然后会出现什么情况呢？就是甭管什么作文题，他都会特别巧妙地转到以前写过的东西里去，因为感觉写它最顺手，材料也比较熟悉，这就滑入了"思维舒适区"。请记住：是这道题，就得从这道题的实际内容出发。

师：（出示课件）我给大家呈现一个"核心观点呈现校准器"。这个校准器分两个方面：内容和呈现方式。第一个方面，先来校准内容，也就是符合题意。大家看，这个作文材料中间的部分，就三句。第一句，看红色字体，我们提取出来意思是——素净的底子是绘画的前提。

（生全神贯注）

师：第二句话，底色会影响整幅画的色调。第三句话请大家注意，"又何尝不如此呢？"一个反问加一个否定，转换出来之后，它相当于双重否定，那么你再转成肯定，那就是——"底色"与人生发展的关系，密切相关。这是校准的第一个方面，也就是内容方面的符合题意。

（生坐姿端正）

师：第二个方面，是表述方面。表述规范，你的论点应该自始至终围绕"底色"。底色，是这个材料的关键词，及其对人生发展的意义和影响，那么，应该是底色和人生发展的关系性的表述。第二，看句式，可以是一个一般判断句，比如，底色是什么？底色可以做什么？

（生认真记录）

师：也可以是一些关系复句，比如，只有拥有什么样的底色，才能怎么样等等。用这样的句式。

师：第三，你的论点，让人拿来读，拿来一看，很规范、简洁，没有歧义。我把这个校准器给同学们，请同学们进一步完善修改，甚至可以重写你文章的核心论点。

（生低头写）

（师巡视）

（师准备小纸条，记录学生情况）

师：同学们就近交流一下，把你改后的结果以及修改的过程跟同学说一下。

（同学之间讨论）

师：请部分同学在全班范围内说一下。

生：底色与人生的发展有着密切的关系。

师：把你以前的论点也读一遍。

生：人的成长和社会的发展与其时代背景是密不可分的。

师：为什么作了以上调整？请说一下。

生：刚开始觉得这个时代背景和底色差不多，有相似之处。但是没有扣紧底色的这个题目，所以后来我把"背景"又改成了"底色"。

（生认真倾听）

师：我们来交流一下。"底色"，在这个语境中用的是修辞，同学们发现了没有？

生：是比喻。

师：对，虽是关键词，但它是个"喻体"，我们要还原它的本体。这位同学的第一次理解，他理解的底色是那个时代的背景，他可能把底色跟背景、环境等混到一块去了。我们再请一位同学来说一下。

（师指定学生）

生：我没有改中心论点，我的中心论点是"人生的基色决定了人的发展"。因为我觉得我这个中心论点还是符合校准器要求的。我对这个题目的理解是：先是人生底色与人的发展之间的关系，所以它符合了第一个校准内容；第二个就是人生底色与人生关系。我找的校准点一共两个，"决定"和"影响"，我觉得"决定"比"影响"层面可能要更深一点，所以我就用"决定"。

师：说得不错。这篇文章不是一篇话题作文，不是让你只谈底色，最后它收尾要收到"我们的人生发展又何尝不如此"，这是文章中应该出现的"关系"。这是文章的基本动作。此外，还要提醒部分同学，你们把"底色"偷换成了"自信""诚信""善良"等，这些同学的逻辑是，你们认为"自信"等就是人生的"底色"，然后大谈"自信"等话题就可以了。

（生陷入思考）

师：以上所说的写作逻辑是有问题的，你这样的话稍微一转就转到你想要的那个东西上去了，可以称得上是"万能立意法"了，一定要警惕这种思路。回到这道作文题，我感觉它们的关系是这样的："底色"里面可能包含一点你说的这些内容，但你说的那个内容却不等于底色，所以不能这么简单地来转换。好，我们进入写作的核心动作——观点拆分。

师：前提是你的观点现在坐实了没有？请再复查一遍。不然，待会儿的动作可能沿着错误的方向继续分解下去。

（生检查）

（师巡视）

师：好，同学们。（出示课件：写出文章分论点）

师：接下来我们进入这节课的重要技术动作，写出你文章的分论点，就是将你刚才的核心论点，从不同的角度方面、层次展开。

（出示课件）

师：你认为将中心论点拆成几个比较合理？建议同学们画一个思维导图，把核心观点写在那里，然后思考可以向哪几个方向生长你的分论点。好，开始。

（生在练习本上写）

（师巡视学生作业，个别指点，并随时记录学生出现的问题）

师：好，现在将拆分出来的内容，就近与同学讨论一下。

（生互相讨论）

（师巡视，并不断解答学生提出的问题）

师：现在我们请部分同学依次读出分论点。

生：我的论点是，自信是人生的底色，分论点首先是想弄清楚自信的来源，然后讲一讲它的重要性，最后再写因为这个重要性而成功了。

师：来源、重要性、成功，基本是个递进关系。拆分没问题，但基本内容是否忽视了"底色"而大谈"自信"。请思考。

师：同学们继续。

生：我写的是底色与人生发展的关系，先写"底色在人生发展中的体现"，然后写"怎么在人生发展中选择底色"。

师：先说外在体现，再说如何去做。好！

师：来，这位同学说。

生：我的论点是，底色可以塑造不同的个人品格。分论点一是，正确的底色会塑造绚烂的人生；分论点二是，错误的底色会为人生抹上阴影。

师：好。正确的底色会怎么样，错误的出问题的底色会怎么样，沿着这么两个方向走，这是一种思维模型。

师：好，这位同学说。

生：我的核心观点是，底色需要一个脚踏实地的人生态度，后面写该怎样脚踏实地发展，然后类似于坚持不懈之类的，还有保持本心，再说一下现代社会那种比较浮夸自我崇拜的人生观，最后写如何真正地做到脚踏实地。

师：好。我不知道同学们是否特别用心听同学发言，这位同学确定的中心论点，直接到了如何去做，所以你会发现，只要这么来确定文章的重心，你接下来的分论点几乎都是做法，在议论文中尤其是高中生的议论文写作当中，解决问题一般来讲不是我们文章的重点，我们的写作重点应该放在分析问题当中去，但是你突然之间绕过了那一个，把中心论点确定在怎么做上，你发现接下来都是做法。

（生认真记录）

师：每位同学都在你现在写作的起点之上，接下来如何发展，有的需要提高，有的需要修复。好，同学们继续。（指定学生）

生：我写了人生很重要的两点，一个是肩负责任，一个是感恩。

师：中心论点是什么？

生：中心论点就是责任和感恩。

师：现在又转回来了，好多同学不愿意放弃直接赋予底色的那个内容，有的赋予一个词，有的赋予两个词，待会儿我们再慢慢修复，不必急着去改正。因为我们对一个问题的认识是长时间形成的，要改变这种认识，需要一个过程，我还是说底色里边可能包括这些内容，但你用它其中的一小部分内容替代整个底色，可能存在以偏概全的问题。好，思考一下，同学继续。

生：我的中心论点是，一个人具有或选择怎样的底色与人生发展密切相关。根据自己的理解，我把底色分成了四个部分，分别是谦虚、正直、宽容和坚忍。

师：从两个变到四个，是吧？好，请坐。

师：目前，一、二、四都有了，慢慢来吧。但不管怎样，我认为这也叫拆分，你们认为的底色包括这么多内容，依次阐述，也算是分论点，是一种拆法。至于如何跟底色的内涵严密对应，然后你再举例子，比如什么是底色，你先把底色说明白，再跟上刚才这样一些内容是可以的，但你直奔这个内容而去，直接用它来替代底色还是有问题的，大约有一半的同学仍是这个思路。

（生沉思）

师：大家可以借鉴一下数学上的"集合"概念，你可能用一个小部分的"真子集"替代了整个"集合"。

师：我们进入拆分的另一个要点，就是你分出来的下一级观点之间有没有交集。我为大家准备了观点拆分的量规，先给大家做一下解读。

（出示观点拆分量规PPT）

师：我给大家两个级别的量规，首先是达标级，你确定的标准就是你统一的标准，然后进行合理地拆分，标准＋合理。

（生思考）

师：我举个例子，如果你的分论点一是从某一个标准拆分来的，但你又用另一个标准，拆出来所谓的分论点二，那么这两者之间是什么关系呢？是不是有点儿不对了？所以，首先就是你的几个分论点须是按照同一标准拆分出来的。第二，核心观点拆分后拿来让读者一看没有重要内容遗漏。反过来讲，你的拆分如果把核心论点中非常重要的信息拆没了，这可是大失误。

师：第三，分论点之间的内容基本无交叉。如果文章的第二段与第三段80％的内容是重合的，那么写这个第三段有什么用呢？我们回顾一下：第一，所有分论点按照一个标准拆出来；第二，核心观点没有重要信息遗漏；第三，拆出来的分论点之间基本没有交集。这是达标级量规。

师：如果同学达标的量规已经符合了，我建议你可以看一看优秀级量规是什么样，就是在标准级的基础之上加入两点：所有分论点均在核心论点的统辖之下；所有分论点纵向自成序列。我给大家看这两个级别的量规，请同学们依据量规针对性地再完善一下你的分论点。

（生低头修改答案）

（师巡视，并及时记录学生情况）

师：同学们，刚才我发现了一些问题，跟同学们报告一下，发现的第一个问题就是分论点两分法的同学，一正一反，这是一种呈现方式，这样拆分没问题，但是建议，可以再往下走一下，关注每一个分论点里面的层次。第二个问题，有同学的分论点是用否定句写的，我建议用肯定的语气来写，不要用否定，因为用否定不一定能转换成你想要的跟它相对应的那个肯定的内容。

师：比如，我问同学，今天中午你吃什么？你回答，我不吃馒头。严密来讲，你要吃的东西，是这个世界上除去馒头之外所有的能吃的东西，所以尽量不用否定句。还有，我见到了特别好的一种调整，有同学把刚才的那些，谦虚、善良、自信，他现在开始转换，其实这个办法不复杂，往上找上位概念，这些都是什么？

生：美好品质。

师：对，是美好品质。这就基本接近精神底色了。

（生恍然大悟）

师：好，现在给大家提供一套工具，大家可以各取所需。我们来看。（出示课件）

师：我给大家推荐五种方法。第一，这种方法从范围的角度、影响力的范围来说：底色之于个人，可能是你的三观；底色之于家庭，底色可能是家风；底色之于国家，是我们的共同价值观。从影响力范围的大小来讲，对于底色的阐述，人生发展如此，社会发展也是如此。

师：再就是我们经常说的三大步：是什么，为什么，怎么样。也就是提出问题，分析问题，解决问题。但是大家千万不要贴标签，一定是把这种思路贯穿到每一篇具体的文章里。

（生思考）

师：首先，是什么，也就是"定义概念"。底色的内涵解释，中心观点的解释说明都应在这一部分中完成，并且建议开篇就认真完成，接着进入文章的主体部分就是"意义价值"，什么意思呢？就是底色对于人生发展或者其他方面，它的意义价值何在？这是你最需要费心思的地方。

（生点头）

师：这是分析问题。那剩下的一个问题呢？可能是通过什么样的方法路径来保持底色。咱们说，素净的那个底子，可能是你一开始就有的，这叫拥有，还有的是你后天选择的，还有的是你的底色可能有问题，需要你来完善。

（生点头）

师：还有，设问归因法，就是在观点中添加一个设问，然后再寻找不同归因用来分解观点，这也是一种方法。

师：底色对人生发展来讲，为什么如此重要？添加这个设问。我们来看，底色决定了人生发展的方向、质量、境界等。它还有一个功能，发现了没有？就是当你处在一个充满诱惑、价值多元的环境当中，好的底色可以是人生发展的防火墙，它可以抵挡诱惑排除干扰，按照你想要的方式去生活，活出精彩。这也是一种思维模型：归因一是对内的，归因二是对外的。

生：老师，我说底色怎么很像背景呢？底色是往里走的，背景是往外走的，就是底色是内，背景是外。

师：好。思维方式的问题，先意识到，再慢慢提升。再来看对比法，刚才这位同学基本是用的这一个，还有很多方向，比如说主动取舍和被动接受，也是一种对比；自我和他人也能做一些比较。还有按照时空标准来分的，大家看，底色在人生不同阶段的表现与作用，底色在不同历史时期的表现和作用，底色在不同的历史时期的表现和作用。这是时间维度，还有空间，不同的国度区域，底色的表现又不一样，同样的底色在这个区域就行得通，在另一个区域就可能有问题。现在给同学们几分钟的时间，看一下以上拆分方法，哪一个与你的拆分方法较为接近，你把要点记下来，并再作完善。

（生低头笔记）

（师巡视）

师：好，同学们，回到我们这节课的核心动作，观点的确定与拆分。这是一项系统工程，要从审题、立意、提取、呈现等方面入手。凡事都是原则很少而技巧很多，今天老师提供的一些方法虽然比较具体，但我个人感觉它仍然是原则层面的，不是让大家照搬照抄的，是让你明白了之后形成自己的东西，这才是我们最需要的，这个能力将陪伴同学们一生。好，同学们，下课！

生：老师再见！

师：同学们再见！

·听课回响·

缘理披文质彬彬，援事析理育新人

福建省泉州市泉港区第六中学　张传忠

金秋十月，有幸来到"四面荷花三面柳，一城山色半城湖"的美丽济南泉城，参加了"第十届名家人文教育高端论坛暨名师课堂研讨会"，群贤毕至，少长咸集，激情飞扬，教育论道。四天集会，20位名家名师哲思激扬、异彩纷呈，育人之道，浑然天成。

史建筑老师执教的《议论文写作指导课：论点的展开》一课，给我们的写作训练做了一个很好的示范。整堂课目标明确，重点突出，实践操性特别强。首先是认真审题，明确中心论点，准确表达自己的观点。给定材料后，按照标准合理地分解所要论述的中心论点。写出核心论点，核心论点呈现校准器，同时运用"校准器"从内容、形式上进行规范，要求符合题意、表述规范。其次，列出提纲，把中心论点拆分成几个分论点，运用观点拆分法。要求核心论点拆分后，无重要内容遗漏，分论点之间内容无交叉，而且纵向自成序列。接下来推荐观点拆分工具，讲述拆分方法：影响力范围设置法、顺序梳理法、设问归因法、对比法、时空坐标法等，结合分论点逐一展开分析。史老师的做法是每一步都是给学生规则或者是量规，按照标准合理有效进行拆分论点。通过步步引领，掌握议论文论点的拆分方法，突破应试作文中的随意与杂乱无章，重构议论文的章法结构。

课堂中，史老师可谓高屋建瓴，不但教给了学生审题的方法，而且指出了确立论点的关键语句、拆分方法及立意取材指向等。其敬业精神及个人学识修养，着实令人敬佩。

史老师在教学中引导学生观察社会生活现象，挖掘根源，反观自我，提升评价的科学性和人文性。同时把时事评论、文艺评论的方式引入，时评文写作既要充满激情，又要富于理性；既要懂得运用拿来主义的方法，又要旁征博引，辞丰意盛。进行发散思维、辩证、逆向思维等训练，拓展思维深广度，赋予作文广阔的时代意义和深广的文化底蕴，为议论文教学注入现代气息、思维活力和文化底色。

史老师的课堂呈现同一事件多维角度分析的范例，设置情景让学生发散思维，学会观点拆分，运用尺规进行衡量辨析，步步追问，层层设疑，环环相扣，叙议相生，师生互动，展现完美的课堂教学效果。

针对议论文写作，史老师创新性地提出写作安全要领，强调审题立意要综合关注四个核心词汇："高频词汇""关键概念""核心逻辑""语境关系"。

只有全面把握材料或话题中的核心词汇，才能审题准确，立意精当。构思上要形成层次清晰的结构性思维，避免交叉重复，体现议论文的深度解读。素材运用上采用熟悉材料嵌入式、陌生材料直入式、适中材料引用式的方法，恰当灵活地裁剪素材，实现思想与素材的完美匹配。思想深度上由个人、时代社会甚至向人类良知方面延伸，引导学生将议论文的立意由肤浅转向深刻。

冲出"固有"思维，寻求别样"底色"

山东省济宁市泗水县华村初级中学　张　枫

我是一名初中语文老师，按说，教写议论文的事，与我无关。可受史老师课堂的影响，总按捺不住自己跃跃欲试的心情，总想为高中的作文教学做点什么，于是，因循史老师"拆分论点"的思路，我觉得高中作文，可以把时事评论或者文艺评论引入议论文的写作中去。

继续看史老师出示给学生的作文题目：

阅读下面的材料，根据要求写作。

孔子说"绘事后素"，意思是先有白色的底子，才能在上面绘画。油画创作中，第一层着色被称为底色，底色会影响整幅画的色调。我们的人生发展又何尝不如此呢？

要求：选好角度，确定立意，明确文体，自拟标题；不少于800字。

就这篇作文，史老师可谓高屋建瓴，不但教给了学生审题的方法，而且指出了确立论点的关键语句、拆分方法及立意取材指向等，其敬业精神及个人学识修养，着实令人敬佩。

顺着史老师的思路，我觉得，高中作文教学，如果能跟社会生活联系到一起，借鉴写作时评的写法，分论点可能更好区分一些。

比如这样一个题目《有一种底色叫自信》，纯粹从逻辑学的角度，来拆分其分论点，我费了好大的劲，从自信的来源、自信的表现、自信的社会效益、自信于人成长的意义等方面，来区分其分论点，分出来的论点，无论如何都不能保证其严密性和科学性。后来,我就不分了,坐下来思考,这一想啊,突然明白了一个事情,我们是写文章,不是做逻辑推理,写文章干什么?古人讲"文为时用",文章必须为现实生活服务,指导人们的生产生活。只有解决了"家事国事天下事"中存在的问题和矛盾,找出了解决问题的办法,文章才有现实意义和存在的价值。

听课的过程中,我与青岛的仲旭东老师和济南的李艳老师做过深入地探讨,两位老师教高中,谈起作文也是满脸的困惑,他们说,现在高中作文的教法,同十年前二十年前自己上学时没什么两样,根据所给的作文材料,确立一个论点,然后就是挖空心思地搜罗名人名言、名人事迹进行作文,其作文形式千篇一律的是"论点+论据",这有点像数学课上的已知和求证。我不反对这种作文形式,而且就写法来说,也的确应该这样做。

两位老师讲完,我反问他们,我们让孩子们写理想追求、正视困难、无私奉献、敬业精神、顽强拼搏、自尊自爱,真理追求……这些立意,无疑对培养孩子们正确的道德观和价值体系,起着至关重要的作用。但是,这种脱离实际,不接地气的,不问时事,与社会脱节的论述,到底能产生多少社会效益?如果单单从高考得分的角度看,这确实是一种稳妥的写作套路,我的观点明确,我的材料充分,我的结构完整,老师是没有理由不给高分的。可是,从创新材料,创新观点,与时俱进的角度,我觉得这种"稳妥",不仅限制了孩子的思维,困扰了孩子的思路,而且对孩子形成正确的价值观人生观都是一种制约。他们在考场上论述的观点,与社会中遇到的问题完全是两码事,考场上对"真理追求"的论述,与现实生活中"崔永元举报阴阳合同"的事实完全不是一个概念。

与其让孩子空泛议论"拆分论点",为了一个论点去背论据材料,倒不如给孩子们推开一个窗口,一个新闻窗口,让他们每天都知道,这个信息高速公路,离他们并不远,他们和其他人一样,每天都行走在同一条高速公路上。那些媒体上刊载的"国事家事天下事",也需要他们的笔墨,需要他们指点江山,激昂文字。

诚如是,上面的作文题目,就可以来一个《崔永元的人生底色》《重阳底色是孝心》《重读城市交管"生命接力"的底色》《有一种底色叫"后备箱"》

《城市的底色是蓝天》等等，一扇窗子打开，如旋转一只万花筒，百般图景，百味人生，万千素材，层云荡胸，扑面而来。这里有景区门票前的人人平等，有海纳百川的包容，有锐意进取的创新，有"霸坐"有"扶起"，有"童星"骗局，有朋友圈"浇树"，有读书有传承，有留守有关爱，有司法解读，更有大国方略，有"辽宁"舰队，更有"经远"钩沉……由此及彼，诸如此类的历史、汽车、体育、军事、游戏、时尚、家居、足球、发型、衣着、电影、房产等等。发散思维，带给孩子们的，不仅仅是写作内容的扩大，更是题目切入角度的新颖。不同的角度，蕴含着不一样的美感；不同的角度，拥有不一样的审美追求。与时事结合，与时代同步了，孩子们论述就会变得不再空洞。具体的语言环境，真实的生活场景，更能激发他们的写作热情，更有利于形成鲜明的观点，更能让孩子们写作时，有话说，有说不完的话；说出的话，也更能针砭时弊，分量饱满。

把孩子们的目光，沉潜到"崔永元的底色"里，他们就能看到责任，看到担当，看到勇气，看到善良，看到邪恶，甚至，看到"正直"是需要付出沉重代价才能成就的品质。

这样一个话题，我们进行拆分论点，相对而言就变得简单多了。"底色"相对于人来说，无非就是个人具有的品质，"真的猛士，敢于直面惨淡人生"的崔永元，生命的底色里，有对真理的追求，有敢说敢为的勇气，有不屈不挠的斗争精神，有置生死于不顾的大义和凛然，有善于斗争的策略与方法，有维护法律尊严的决心和胆识……"我们从古以来，就有埋头苦干的人，有拼命硬干的人，有为民请命的人，有舍身求法的人，……虽是等于为帝王将相作家谱的所谓'正史'，也往往掩不住他们的光耀，这就是中国的脊梁。"把论点置于这样一个高度，这样一种社会主流，这样一种语言环境中，牢牢把握"歌颂中国脊梁"这样一个中心论点，然后再从"中国脊梁"表现在哪些方面进行论述，不仅解决了拆分论点的难题，而且让学生更有话说，更易于表达自己的思想和感情。为什么有话说？因为这些人和事，都是新近发生的，都是有价值的新闻事件，都是有普遍意义的紧迫问题，需要孩子们动脑分析和综合，就事论理，就实论虚，发表自己的见解和主张。

举个例子，比如2017年5月，刊登在《中国妇女报》上的，张枫逸老师的一篇名为《规范共享单车重在厘清责任》的文章，就针对交通运输部联合多部门起草的《关于鼓励和规范互联网租赁自行车发展的指导意见（征求意见稿）》，来发表自己的意见和建议。张老师先指出共享单车快速发展的意义和实际运营中存在的问题，然后从政府、运营商、公众三个方面论述各方的主体责任，思路清晰，态度中肯，有理有据。张老师的文章，带给我们的是解决问题方法和思路，看过后，总能给人耳目一新的感觉和启发。

除了学写时评，还可以写文艺评论，这个想法来源于去年浙江的一篇高考作文，名字叫《祁同伟自尽之谜》。小作者结合剧情，论述了祁同伟读过的人生三本书，论述有力，发人深思。有老师给过这样的评语：

一名高三学生，学业繁重竟还有闲看完《人民的名义》，而且感悟得如此之深，并在短短的时间写成如此佳文，实属不易！即使是枪手所作，这枪手也绝非等闲之辈。

这篇作文给我们的启发是，如果"心中有素材，笔下善沟通"，什么样的作文题目都会迎刃而解。比如这"人生三书"，杜甫读过，苏轼读过，鲁迅也读过；秦桧读过，钱谦益读过，汪精卫也读过……选择哪一个不能写成一篇满分作文呢？

这就要看你能否将"有字之书"化成无字之书了！

这位老师说得真好，是啊，"心中有素材，笔下善沟通"。"心中的素材"才是源头之水，真正的素材不是死记硬背下来的，它源于积累，而又超越积累，是内化于心发之于外，从遥远时空走过来的人和事。这些人和事，是一面镜子，你不用它时，它"闲置"在心底，一旦与"杜甫、苏轼、鲁迅、曹禺"等人的文学作品发生"碰撞"时，立刻就会产生共鸣，碰出火花。倾听王岱老师的课《雷雨》时，就有这样的感受，王老师的一个问题"周朴园和鲁侍萍到底有没有爱情"一石激起千层浪，学生开始是从书本中挖空心思找观点，找依据，后来就由课内向课外延伸，学生"自觉"地调动自己平时的积累，阐述自己的观点和看法。多么好的课啊！给我留下最深印象的，除了王老师驾驭课堂的能力，还有孩子由此生发出来的奇思妙想，每一个孩子都成了一只火炬，他们妙语连珠的发言，连成一篇，就是一篇情文并茂的文艺评论！

学写议论文，视野的宽度是关键，见得多了，有了具体的语言环境，才想说话，说出的话才有分量，才能结合眼前发生的事，阐述自己的认识，发表自己的看法，引发深入的思考，写出动人的文字。因此，跳出"固有"的藩篱，冲开"固定"的思维，大着胆子，把时事评论或者文艺评论的写法，迁移到课堂教学中来，或许能寻求到别样的"底色"，给议论文教学注入一丝生机与活力。

助力高考，成就孩子，我们责无旁贷。

一点粗浅的体会与大家分享，再次感谢史老师，他用他的学识和精益求精的精神，感染、督促着我，使我须臾不敢停下前进的脚步。细细地拆分，慢慢地领会，许多事情，总会有办法的。

·课堂实录·

《爱莲说》课堂教学实录

执教：程 翔

师：上课，同学们好！

生：老师好！

（互相鞠躬）

师：大家在路上有点着急吗？

师：有点，其实在座的老师们也挺着急的，反正是晚了，咱们就沉住气。双休日应该是在家里休息，还把你们折腾到这里来上课，是不是心里有点不大情愿？

生：还行吧，就是不能睡懒觉了。（老师哈哈大笑）

师：大实话。

师：在所有学科当中，最喜欢语文的举手。（一部分生举起手）

师：在所有学科中最不喜欢语文的举手。（没有学生举手。堂下老师哄堂大笑）

师：谢谢你们！大家都知道语文和英语是不一样的，你们学的语文是母语，是祖国的语言文字，我一直给我的学生讲一个道理，你们这么大的小孩，爱国是让你们冲锋陷阵去吗？不是。这么大的小孩怎么爱国？热爱祖国的语言文字就是爱国。那怎么才能热爱祖国的语言文字呢？认认真真写好每一个汉字，认认真真说好每一句汉语，这就是热爱母语的表现，这就是爱国的表现，记住了吗，孩子们！

生：记住了！（点头）

师：好的，我们这节课学习《爱莲说》。刚刚主持人已经说过了，课文已经发给你们了。现在我想请一位同学把文章读一遍，谁来读？请举手。

（生举手，生读课文）

师：嗯，很好，你读得很好，没有出现任何错音，而且节奏把握得很好。（台下老师鼓掌）

师：你们是初几的学生？

生：初一。

师：学过这篇文章吗？

生：没有。

师：是不是所有同学都读得像他一样好呢？我怎么有点不放心呢？同学，你来读一遍。（指一生读）

（生读课文）

师：好，请坐。

师：同学们听出问题来了吗？听出来了。我再请一位同学来读，来，你来读。

（生读课文）

师：嗯，请坐。

师：后面这两位同学总体读得还可以，但是有问题了，和第一位同学相比出现了问题。什么问题？来，你给他指出来。

生：第二位同学读的有一部分是错的，比如："陶后鲜有闻"的"鲜"是三声。

师：来，注音。接着说。

生：还有一个"晋陶渊明独爱菊"不是"普"。

师：我估计是看错了，（师笑）他肯定是能分别这两个字的。

生：还有一个"噫"不是一声，是四声。

师：一声是对的。后边那个举手的同学，请回答。

生："甚蕃"他读的一声应该是二声。

师：应该是哪个音呀？

生：应该是二声。

师：很好，注上音。还有问题？（又有举手的）

生：老师，我听那个女生读的是"亵（xiàn）玩焉"，应该是"亵（xiè）玩焉"。

师：这字也不太好写，是吧？看这个字的结构，能解释一下吗？是把什么给拆开啦？

生：把"衣"字给拆开啦，中间儿加了个"执"。

师：好的，你请坐。同学们在纸上写一写这个字。（生练习，师巡视）一起来读课文。养成良好习惯，题目、作者、正文一起读。（师起头，生齐读文章）

（生读完文章）

师：你到黑板上把题目和作者写下来。（一学生板书，写到"颐"字时老师点拨）

师：写大点儿。（师仔细看黑板，学生第三个字比前两个字略大）

师：好，发现问题的举手。来，你回答一下，发现了什么问题？

师：你用红笔写，写大一点，其余学生在练习本上写。（师巡视）

（师提示板书学生把字写大一点）

师：发现问题的请举手。哦……你还发现问题了？来写一下。你用黄色笔写，这次就你发现问题了，其余学生没发现。你写大一点，其他同学仔细看。（"颐"的书写笔顺不对）发现问题的请举手，你来，我相信你一定能写好。写大一点。

师：为她鼓鼓掌！这才是正确的笔顺。记住了，同学们，看清楚了吗？好，一起来说。（师书空笔顺）按正确的笔顺再写一遍。看来这个字的笔顺错误率挺高的。

师：前几天有个人问我，他说，程老师，写字干吗要讲究笔顺呢？不讲究笔顺不也能写出这个字吗？怎么回答他？

生：我觉得如果倒插笔就写不出这个字的方正来，像车载的"载"。如果先写下半部分有可能上半部分盖不住下半部分，非常丑。

师：说得非常好！那个同学还想讲，来你说。

学：如果倒插笔的话就会比较别扭。（举例"过"字）

师：汉字是有字理的，要研究字理，要注意每个字的顺序，不能随便写；随便写就是没有经过规范的训练。同学们学语文课必须要经过规范的训练。

师：好，来看一下作者的名字。周不用说了，是作者的姓。那么"敦"字是什么意思？大家记下来，忠厚、诚恳的意思，"颐"是什么意思？有知道的吗？

生：我想是坚定不移的意思。（台下老师笑）

师：错了，又谁在说呢？"颐"是这（指了指自己的脸颊）——同学们脸颊这个地方叫颐。面部表情好，精神状态好。（举例"颐和园"）

师：好了，我们这节课主要做三件事。第一件事"读"，刚才我们已经读过了。第二件事"译"，这是一篇文言文，作为初一的同学你们刚开始学文言文，在小学学过吗？学过但是不多。第三件事就是有问题请同学们来问一问。如果你们没有问题，我有问题要问一问你们。这节课就是做这三件事。下面请同学们来一起翻译翻译这篇文章，两个人一组互相翻译一下，开始。

（3分钟后，师询问学生翻译情况）

师：好，翻译完的举手。（少数学生举手）好，再等等。已经翻译完的，如果有问题，就先画出来。好，同学们。都翻译了一遍，谁来给大家翻译一下？请举手。大家集中注意力，听一听他跟你翻译的一样不一样。好，开始。

（生开始读译文）

师：你没有看原文，都背过了，你这么厉害呀！

（一生举手）

师：那位同学发现问题了，好，你来说。

生：还有一部分没有翻译出来。

师：好，你说。

生：第一句"水陆草木之花"，应该是水生的陆地的草本木本的花。

师：很好，翻译文言文不能有遗漏。

生：还有"自李唐来世人甚爱牡丹"中的"甚"没翻译出来，应该是"特别"的意思。

师：它是一个表示程度的副词，还可以翻译成"很"。你们在记吗，同学们？（生做笔记）

生：还有一句"可远观而不可亵玩焉"中的"远观"没有翻译，可以翻译为"远远地观赏"。

师：请你翻译这一句。

生：这一句的意思是，可以远远地观赏，不可以摘下来在手中把玩。

师：我觉得能翻译到这个程度非常好。

生：还有后面"花之隐逸者也，花之富贵者也，莲花之君子者也"他这里没有把"花之"翻译出来。他只说了菊花是隐者。

师：那怎么翻译呢？

生：我认为菊是花中的隐者，牡丹是花中的贵族。

师：为什么这样翻译呢？

生：……（思考中）"谓"，我认为是"是"的意思，菊花是花中的隐者。

师：知道这个句式有什么特点吗？"者也"是什么句式？

（生思考）

（另一生举手，师点名回答）

生：我认为是排比。

师：要单独地把这一句摘出来呢？

生：拟人。

师：好，你坐下。"者也"是判断句，要翻译出"是"字来。"谓"这里是"认为"。

生：他有一个没有翻译出来，"不蔓不枝"意思是不纷乱生长。

师：很好！请坐。

生：还有"宜乎众矣"翻译得不是很准确，我的翻译是"应该有很多人"。

师：哪一个应该翻译成"应该"？

生：宜。

师：很好，准确。

生：老师，我认为"香远益清"翻译得不是很准确。应该是香气飘得越远越清香。

师：好。

（指另一生）

师：能不能重新翻译一下呢？

（生开始翻译，翻译一半时）

师：好，先停一停。这位同学，你前面三个句子翻译得很好，之前咱们在这儿有一个问题还没有解决。你为什么翻译成什么什么是什么呢？这叫什么句式你把它翻译成"是"。

生：一个倒装句。

师：他是一个好人。你们把这个叫什么？

（生说是判断句）

师：完全正确。同学们写下来。这叫判断句，判断它是一个什么样的性质、情况。（对还在站着的那个学生说）你翻译出来了，但是你不知道它是什么句式。我现在要告诉你，是判断句。在这里有一个标志，你猜是哪一个字？

生：之。

（生举手）

师：你说。

生：我认为是"也"。

师：很好！写下来，同学们。"者也"在这里共同形成了判断句。我们翻译的时候要翻译成"什么是什么"。明白了吗？

（师指站着的那位同学）

师：你继续翻译。

（生接着翻译）

师：你这两个句子翻译得不一样。

师：你先说，"菊之爱"怎么翻译？

生：喜爱菊花的人。

师：往下说。

生：喜欢莲花的，除我以外还有几个人。

师：除我以外，哪个字翻译成"除"？

生：（改正）和我一样喜欢菊花的人。

师：对啦！哪个字翻译成"和我一样"？

生：同。

师：写下来了吗？同学们？"同予"就是和我一样。这个"予"在这里是什么意思？

生：我。

师：前面出现过吗？

生：予谓菊。

师：很好，在这里，"予"是什么词性？

生：名词吧？

师："我"是名词吗？"你""我""他"是名词吗？

生：哦……是代词（生恍然大悟）。

师：是代词，写下来。"予"是一个代词。你接着说。

生：而喜欢牡丹的……老师，我这儿没翻译出来。

师：刚才好像有同学说了，回想一下。

生：喜欢牡丹的应该还有很多人。

师：好的，你坐。

师：这一遍翻译中的好多细节问题，我们就解决了。下面就请同学们重新翻译一遍。还是两个人一起翻译。开始。

（生开始翻译，师巡视）

师：翻译完了吗？（学生点头）好的。我们翻译了两遍，我觉得应该没有问题了。究竟有没有问题？有问题的请举手。你们要提出问题来。

（生纷纷举手）

生："陶后鲜有闻"的"鲜"我不知道可以翻译成哪个字。

师：知道的举手。

生："鲜"应该是"极少"的意思。

师：现在还用这个字吗？

生：鲜少。

师：鲜为人知，就是很少有人知道。还有问题的举手说。

生：中通外直，为什么翻译成它的茎和干是直的，是通的？而不翻译成正直的品性？

师：你提了一个很好的问题，没有人说不能翻译成"正直的品性"。

生：同学们都翻译成"它的茎和它的干是直的"。

师：这个同学问了一个很关键的问题，谁来回答？好，你来回答。

生：我觉得他应该是有两种意思。字面上的意思是说"它的茎和它的干中间是贯通的，外面是笔直的"。

师：也就是说它是空心的。

生：它的引申意思是……

师：你说它叫什么？

生：引申的意思。

师：你们懂吗？同学们？（生点头）写下来。引申的意思。接着讲。

生：这位同学说得对，他引申的意思就是指喜欢莲花，喜欢它正直的品质。根据莲花联想到这一品质。

师：莲花哪有正直的品性？它又不是人。

生：借莲花来描写君子，借物喻人。把君子比作莲花，借莲花的枝干，写出君子的正直品性。

师：就是说在这篇文章中只有"中通外直"可以引申？

生：老师，我觉得有很多句都有引申义。

师：请一一道来。

生："出淤泥而不染"。把"淤泥"比做污秽，在污秽中不会被污染。

师：你讲的还是可以的。请坐。（指另一生回答）

生："濯清涟而不妖"。这一句指君子有自己的品德，而不骄傲。

师：这句字面意思是什么？

生：用清水洗涤而不妖艳。

师：引申义是什么？

生：君子有非常高尚的品行，而不去彰显。

师：我觉得翻译得不错，理解得很到位。还有吗？你说。（指另一名学生）

生：我认为"不蔓不枝"的意思是不去过度依赖他人，不趋炎附势，有自己的主见。

师：怎么能这样理解呢？

生：因为"不蔓不枝"的字面意思是旁边不生长枝干，自己走自己的路，不被外界所干扰。

师："蔓枝"的字面意思怎么翻译？

生：往旁边生长枝干。

师：用一个词来形容，它不往旁边什么？（生思考）请坐，（指另一名学生），你说。

生："不蔓不枝"就是有自制力，自己应该生长在哪儿就生长在哪儿，不疯狂生长。

师：你说的还是引申义，咱们先说它的字面意义。有一个词叫"枝枝蔓蔓"什么意思？

生：杂乱无章。

师：对，有一点乱。见过那个牵牛花，它攀着东西向上爬，互相缠绕着。枝枝蔓蔓缠绕着，是这样吗？攀附在别的东西上。（生举手）

师：你说。

生：不愿意依附。

师：好！

生：不当寄生虫。

师：（大笑）很好，请坐。我觉得咱们开始读懂这篇文章了。这非常好，当然，这枝蔓可以有另一种翻译，旁逸斜出。应该按照它原来的样子去集中生长，不要旁逸斜出。作为一个人来讲，不要有一些杂念、乱七八糟的东西，是这样吗？孩子，这四个字我们理解到了吗？文中还有没有其他引申义呀？

（生纷纷举手）

生：还有"香远益清"这句话，字面意思是香味飘得越远越清幽。作者把莲花写出来，它不仅自身拥有优秀的品质，它还要把自己的优秀品质向外发扬光大。

师：发扬光大，可以，这样理解有道理。孩子，我问你，你说中国古代很久远的人，比如说孔子、屈原都经历了两千多年了，够遥远了吧？但是我们依然能感受到他们的芬芳。

生：我觉得还是他们那些优秀的品质传承了下来。

师：历史越悠久，它的味道越……

生：醇香。

师：好！

生：我想补充一下那位同学说的"出淤泥而不染"，他刚才用了"淤泥"的本义，君子不会跳泥坑吧。（老师笑）

师：很好，接着说。

生：君子不是小猪佩奇，他不会跳泥坑。（哄堂大笑）

师：那你怎么理解呢？

生：这个"淤泥"我认为是指古代乱世的官场，应该是指从乱世之中出来。

师：他所生活的那个……

生：众人皆醉我独醒，举世皆浊我独清。（台下掌声响起，师竖起大拇指）

师：你真不简单，这是谁的话？你知道吗？

生：屈原。

师：对，能说出屈原，你真厉害！请坐，我说你将来不得了，其他同学你们在写吗？你看你们同学那么优秀，比老师还厉害。这里的"淤泥"是指恶劣的生活环境，包括政治环境。（生做笔记）到此为止我们可以用一句话来概括《爱莲说》这篇文章的主旨。哪个同学来概括一下？我叫个不举手的同学，请你来说。

生：抒发了作者的感叹。

师：这句话有点笼统。

生：喜欢莲花的人很少。

师：我和这位同学有个对话，大家认真听。同学，你觉得作者写这篇文章绝不仅仅是喜欢莲花这一种花，他好像另有深意，这个深意就是这个莲花所表现出来的一种……

生：精神。

师：这种精神我们通过刚才对句子引申义的分析，你是不是已经理解到了呢？（生点头）这篇文章是作者通过拟人化的手法表达了对像莲花一样品格的人的慨叹。他希望自己成为这样的人。这样的人是什么样的人呢？你能不能用书中的一个词来概括。

生：君子。

师：说得非常好！请坐，你理解了，同学们注意啦！（师板书"君子"）《爱莲说》就是作者借莲花来表达自己的人格范式，对一种人格的追求，就是君子人格。（板书"人格"）这就是这篇文章的主题，或者叫主旨。大家产生问题了吗？当我们明白了这样一个主旨，大家产生问题了吗？（生举手，师指一生回答）

生：我产生一个疑问。写"牡丹花之富贵者"，又写了一个菊花，"花之隐逸者也"，是不是在反衬莲花呢？

师：太棒啦！（师竖起大拇指）同学们的思维开始朝着正确方向发展了。

生：老师，我还想再说一下。

生：我个人认为他写牡丹，是在写唐朝的富强，就是写他们对牡丹的喜爱……

（生不知道如何表达，师请生坐下。另一生举手，师指其回答问题）

生：既然有一句"出淤泥而不染"，就是说当时官场黑暗，作者对当时的官场很厌恶，也非常抵触当时这个黑暗的官场。（师点头）

师：同学，咱们回到刚才那位男同学说的问题。既然写莲花，为什么还要写牡丹和菊花呢？

生：用这两种花来反衬莲花高尚的品质。

师：怎么反衬它的呢？

生：牡丹是唐朝人所喜爱的，牡丹象征贵族。

师：那菊花呢？

生：厌恶官场而选择归隐的那类人。

师：好。(生举手，师指另一名生回答)

生：文章中说"予谓菊，花之隐逸者也"，代表着归隐山林的那类人比较自由。牡丹象征着一种富贵，因为它鲜艳的红色是贵族所喜爱的。

师：有道理。

生：莲花"出淤泥而不染，濯清涟而不妖"，说明它是一种非常纯洁、正直的花，借另外两种花更加反衬出来，这种花的纯洁和正直。它虽然出自很复杂的环境，但它依然很纯洁，就像作者一样。他希望在这种恶劣的环境之下，像莲花一样品行正直，方正，纯洁。

师：很好！咱两人有一个对话，大家注意听。

师：喜欢菊花的是谁啊？

生：陶渊明。

师：陶渊明喜欢菊花，实际喜欢什么？

生：喜欢自由，向往自由。

师：陶渊明原来在官场里，后来不做官了，跑到田园里，隐居起来，成为隐士。官场污浊，我躲开还不行吗？我不和你玩儿了，我就自己洁身……

生：洁身自好。

师："菊花之隐逸者也"，它是花中的隐士。隐士的特点在于回避什么？

生：回避世俗的纷乱。

师：好，回避矛盾。牡丹富贵，人们都追求富贵，是这样吗？

生：对。

师：莲花呢？你说。

生：莲花是君子……

师：它既不怎么，又不怎么。

生：它既不富贵也不……

师：它既不像菊花一样……

生：它既不像菊花一样那样洁身自好。

师：那它像什么呢？

生：这……(思考，其他生举手)

师：这个官场污浊，他躲起来了吗？

生：没有。

师：而是什么呢？

生：敢于面对污浊的官场。

师：对了，敢于面对，用一个词，敢于"担当"，写了吗？（生做笔记）好，你说牡丹象征着富贵，那就是有钱，大富大贵。周敦颐追求吗？

生：不追求。

师：他追求什么？

生：我认为他追求有担当，不图功利、名利的君子。

师：好，请坐。（一生举手，师点名回答）

生：周敦颐认为，躲避不是解决问题的根本，还要做一个君子，而不是做一个贪财贪利的。"牡丹花之富贵""宜乎众矣"说明喜欢牡丹的人很多，人们都在追求富贵，而他在追求一种担当，当个有君子人格的人。不隐居，也不去追求这种富贵，这就是君子人格。

师：说得很好，你来说。（指另一生）

生：我认为他写的是这三种人对待乱世的态度，菊花是选择了逃避；牡丹是富贵者，所以他选择了接受；而莲花选择了用自己的品性，用自己清高的品性去改变。也就是逃避、接受与改变这三者。周敦颐最喜欢的是莲花。用美好的品质去改变这个乱世，去改变这个污秽的世界。

师：很好，思维总是高一个层次。请坐。（指另一生回答问题）

生：我认为作者在这个地方写莲花用了"托物言志"的手法，写出了作者对理想人格的追求。

师：是的，这个问题我正打算解决呢。同学们，你们理解的还真的是不错，明白了这三者之间的关系。作者写菊花和牡丹是来衬托莲花，这是一种写作的手法，很值得大家来借鉴吧。当我们明白了这些问题之后，又一个问题就产生了。刚才说"托物言志"的那个同学请站起来，我和你有一个对话，其他同学认真听。我觉得周敦颐太麻烦，你想要做君子，就直接说呗，我既不想当陶渊明，我也不想大富大贵，我就想做个君子，为社会做贡献。我不追求名不追求利，这样别人一看多清楚多明白啊。为什么还要绕着弯儿地弄一个菊花弄一个牡丹？你回答我，孩子。

生：这个地方，它表现的是对理想人格的追求。

师：我说的那样也是对理想人格的追求，而且更直接，这样不好吗？为什么要拐着弯儿说？

生：这样写是对理想人格的肯定。

师：我这也是对理想人格的肯定啊。我也没否定。（台下老师笑）

生：有了前面的反衬之后显得他这个人人格更加高尚。

师：直接写就不能凸显人格的高尚吗？老师故意和你较真，其实这里面有一个问题啊。（生举手）

生：我认为这个地方不可以直接写出来，因为他即使不喜欢归隐，也不喜欢大富大贵，他也不能直接说。他毕竟要对先人保持尊重，不能直接骂先人。

（老师大笑，台下老师也笑）

师：不是。古人有很多人是很直接的，"不戚戚于贫贱，不汲汲于富贵"，这不就是陶渊明说的吗？（生举手）

生：老师，我认为他写三种花的时候有不同的情绪，对于自己喜爱的莲花是赞美的情绪，在写牡丹时有反感抨击的情绪，写菊花时对陶渊明是很惋惜，认为陶渊明应该和他一样站出来反对这个世俗，让菊花变得和莲花一样，反对牡丹。

师：好，陶渊明那个时候已经过世了（老师笑）。请坐。（另一生回答）

生：直接讲出来没有人相信。

师：委婉地讲就有人相信了吗？

生：如果他直接说，别人就认为他说的是空话。

师：请坐，思路错了，不能顺着这条思路往下走。我刚刚为什么和说"托物言志"的同学对话？

（生举手）

生：因为题目是《爱莲说》，他要从莲花入手来写出他的想法，写自己想要做君子的人格。

师：有点道理，但是我可以改题目，请坐。（指另一生回答）

生：首先，作者是爱莲花，题目《爱莲说》可以看出这一点，整篇文章是表达对莲花的一种赞美，他想立志成为莲花一样的人，成为一个君子。

师：你们的思路都出现了偏差，回答这个问题应该这样回答，作者运用了"文学"的手法。（生做笔记，师板书"文学手法"）这种文学手法是什么呢？就是刚才那位同学说的"托物言志"。（师板书"托物言志"）

师：文学之所以是文学，就在于它不直接说，它要借助意象来表达情感，这是文学手法所特有的。同学们在语文课上学习文学作品，要把握住文学作品特征，不直接说。读文学作品要把握它的表面含义和深层含义。（师板书"表层含义""深层含义"）

（生做笔记）

师：下面我们把这篇文章再读一遍。

（生齐读课文）

师：你们只是在读，没有把情感读出来。

（一生有感情朗读课文）

（师范读"莲之爱，同予者何人"，师范读，声泪俱下，抑扬顿挫，很有感情，学生鼓掌）

师：好，这节课我们就上到这儿，给大家布置个作业，文章中"之"出现好几次。回去查一查都是什么意思。下课！同学们再见！

生：老师再见！

（学生起立，老师、同学互相鞠躬）

· 听课回响 ·

本真情怀，本色语文

河北省乐亭县新戴河初级中学　王晓娥

"第十届名家人文教育高端论坛暨名师课堂研讨会"群英璀璨，百花争妍,来自全国不同语文流派的掌门人齐聚泉城济南,演绎出别样风采的语文课堂。回顾九节名师课堂,最触动心灵的一课,当是程翔老师的《爱莲说》,如果让我来评价这节课,应该是:褪去浮华、返璞归真、本真情怀、本色语文。

一、夯实汉字教学,体现语文的本真

程翔老师说:"语文教学的根本任务是培养学生热爱母语的感情,传承以母语为载体的祖国优秀传统文化。"他表示,母语是一个民族的精神家园,是一个民族的整体记忆,丢掉母语就找不到回家的路。

《爱莲说》一课,程老师以一个小调查开篇:在所有学科中,最喜欢语文的举手,最不喜欢语文的举手。在轻松自然的氛围中引出爱国的话题。他满怀深情、字字珠玑地告诉学生:在和平时代,热爱祖国的语言文字就是爱国,认认真真写好每一个汉字,认认真真说好每句汉语,就是爱国的表现。

汉字教学是程老师语文课中不可或缺的一部分。《爱莲说》一课,他不断强化孩子对古文中生僻字的认识、理解,如"亵玩焉"的"亵","周敦颐"的"颐",从读音到笔顺到意义,逐一强调、落实,并通过练习强化记忆,体现了程老师注重字理、讲求规范的语文教学理念。

汉字教学是中学语文教学不可或缺的重要环节,然而纵观很多语文课堂,甚至名师课堂,在汉字教学方面却总是忽视。似乎一涉及"汉字"就浅了,就俗了,就耽误时间了,殊不知,在老师们精心预设和巧妙生成的语文教学精彩之外,偏偏缺少的就是这一点基础底蕴。尤其是笔顺教学,几乎成了中学语文课堂的盲点,结果小学本来就很单薄的笔顺知识渐渐被搁浅,笔顺问题不仅是很多学生的通病,甚至也是很多语文老师的软肋。板书时,笔画顺序书写有误者比比皆是,真是语文人的尴尬!

教语文,从汉字教起!爱祖国,从写好汉字开始!程老师以他的课堂教学给我们做了直观阐释。

二、教有学理的语文,呈现语文的本色

程翔老师认为:语文教学的核心点是语文课,一定从语文角度让学生获得提高,切忌将语文课教成道德说教课。《爱莲说》一课,在探究结尾作者为什么不直接说"我不学陶渊明洁身自好,也不想像世人一样追求富贵,而拐弯说'菊''牡丹'和'莲'"这个问题时,孩子们几乎全是从社会背景和人物认知的角度来解读这个问题，这明显偏离了本节课的教学重点和语文教学的本真。程老师适时点拨引领：作者在这里用的是文学的手法，他不是运用非文学的直接表达思想的手法，这种手法就叫做"托物言志"。文学作品的特点和魅力就是用文学手法来表达，这样更容易引起人们的咀嚼和反思。

程翔老师说：语文老师首先是个专业的读者，语文教师的作用就是把非专业读者培养成一个专业读者。语文本身的特点决定了语文课浓浓的人文味，作为语文老师，我们固然应引导学生认识理解语言文字背后所蕴含的真情理趣，但同时一定不要忽略语文的工具性，那就是以专业读者的眼光去认识作品的学理，让听说读写训练结合，让阅读写作自然整合，让学生的语文素养在阅读的润泽下获得潜移默化的增长，让语文教师的专业价值在课堂上得到淋漓尽致的体现。

北京大学教授温儒敏曾说过："课程改革强调人文性，强调情感态度价值观的渗透，是必要的，也是改革的一个亮点，但不能偏执，不能离开语文教学的规律，否则会掏空了语文，适得其反。"程翔老师以学理为支撑、摒弃浮华、返璞归真，这种对语文教学本色的践行与追求，是值得我们不断学习和反思的。

三、做有灵魂的教育，关注学生的生命发展

做有灵魂的教育，教有学理的语文，是程翔老师的治教格言。程老师用他的人文气息、人文情怀，引领着学生，在课堂上成长。

程老师说：课堂教学的起点在哪里？一是在学生原有的知识、能力基础上，二是在学生出现的问题上。

给我印象最深的一个环节是最初朗读课文的时候，程老师首先让一位主动站起来的女生朗读，女生朗读得非常好，没有出现任何读音错误，节奏把握得也很好，足以起到示范作用。按常理，朗读环节就落实得很完美了，但程老师不这么认为，他说：朗读教学的目的，绝不是让朗读好的同学表现给大家，而是让多数同学学会朗读。因此，他敏锐地把关注的目光投向了没有举手的同学。问题即起点，在聆听这些同学朗读的基础上去发现和解决问题。透过课堂教学的一角，我感受到的是程翔老师的容错智慧和大爱情怀。他把爱的阳光洒向全体学生，他以爱的智慧让不同层次的学生，在课堂上获得真正的成长，举手投足间，彰显的是仁者的情怀、智者的风范、师者的格局。

此刻，我的眼前仿佛流淌着一幅图画，静静的荷塘上，一朵清莲在静静绽放，不妩媚、不妖艳，香远益清、亭亭净植，让人沉醉，引人遐想……

程老师不就是语文荷塘中那朵嫣然绽放的莲吗？粉笔一支，传道授业解惑；诗书半榻，修身养性育人。这份情怀、这种境界，值得我们一生去追寻。

最后的坚守，最后的精彩

福建省泉州市泉港区第二中学　薛小奎

金秋十月，我有幸来到"四面荷花三面柳，一城山色半城湖"的美丽济南泉城，参加了"第十届名家人文教育高端论坛暨名师课堂研讨会"，遇见一群儒雅智慧而激情飞扬的语文人，聆听他们论人文教育之道，欣赏他们展精湛教学艺术。历时84小时，15位名家名师哲思激扬、异彩纷呈。授课名师们举重若轻，不着痕迹却处处闪烁智慧的光芒。印象最深的当属程翔老师的《爱莲说》一课，唯一没用多媒体的一堂课，也是最后一节课。

程老师有句名言："我就是多媒体。"他希望语文老师恰当使用多媒体，认为教文学作品最好不使用多媒体，并呼吁语文老师要成为多媒体。这堂课他给我们做了一个很好的示范，他坚守"一支粉笔，一块黑板，一张嘴"的教学阵地，上得同样精彩，甚至更精彩！

一、坚持良好习惯的培养，要求学生规范书写。读的精彩！

上课伊始，程翔老师就亲切地问同学们："你们喜欢语文吗？"让最喜欢语文的举手，最不喜欢语文的举手。还好有一些喜欢的，没有最不喜欢的！在同学们的笑声中，程翔老师告诉同学们："在你们这个年纪，爱国是让你们冲锋陷阵吗？是让你们发明创造吗？都不是，热爱祖国的汉字就是爱国。"热爱汉字首先就要读准音写对字。于是一个同学主动朗读，老师点评：读得很好，没有读错任何字音，节奏也很正确。但程老师并未让诵读水平高的学生霸占课堂时间，而是让更多的同学有机会诵读，并适时纠正示范。程老师的诵读功夫十分了得，他对"噫！菊之爱，陶后鲜有闻……宜乎众矣"几句的纠正性范读让听课老师为之震撼！还让同学到黑板前板书课题和作者名字，果然很多同学"颐"字不会写，程老师耐心地从笔顺和字义角度形象地讲解。程老师就是这样不着痕迹地把诵读和书写的良好习惯贯穿在课堂教学中。

二、坚守文本教学的原则，引导学生仔细品味。译得精彩！

初读课文后，程老师明确告诉同学们本节课三件事：读，译，问，并适时美观地板书在黑板上。第二个环节"译"：先让同学们同桌互译，个别同学起来翻译全文，其他同学认真听，或纠正或补充，老师只在关键处疑难处相机点拨。如"予谓菊，花之隐逸者也"几个判断句的点拨等。就这样，同学们翻译得越来越准确，个别语句甚至翻译得相当精彩。反观一些老师还在用的串译法实在太落后了，往往吃力不讨好。程翔老师认为，在全球一体化的今天，我们的母语教学受到了严峻的挑战，所以课堂阅读教学的文本教学原则无论在什么情况下都不能动摇，他也是这么做的。他通过引导学生仔细品味语言和联想想象来体会文学作品的艺术魅力，他让同学从"中通外直"中体会正直的品性，从"不蔓不枝"中让同学们懂得了不依赖别人、不当寄生虫，从"出淤泥而不染"中联想到屈原的"举世皆浊我独清"。

三、坚守文学作品的根本，引领学生深入思考。问得精彩！

美国著名学者威廉·亚瑟·沃德曾说，平庸的教师在说教，好的教师在解惑，更好的教师在示范，卓越的教师在启迪。程老师就是一位非常擅长启迪学生的卓越教师。"问"的环节皆是学生自问自答，老师不急于下结论，适时表扬学生："你提的很好！""这个问题很有水平！"鼓励学生说出自己的看法，让学生充分拥有自砺的机会，然后相机引导，再解答出来。其中激起千层浪的精彩问题是：周敦颐为何不直接抒情？为何要托物言志？学生因思考方向错了，没有人答出所谓的标准答案。程老师最后揭开谜底：这就是文学的手法，文学的手法彰显艺术的魅力。回归到文学作品的根本。

曾祥芹说程老师像语文课改航程中一只展翅飞翔的雄鹰！是的，他是飞翔的雄鹰，也是慈祥的长者！整堂课满脸微笑着，弯腰倾听着，平等对话着，如行云流水，感觉轻松接地气。我要像程老师一样，沿着语言文字这条路径带领学生在语文"泰山"的陡路上不断攀登，抵达更精彩的风景胜地。

图书在版编目（CIP）数据

智慧·教法·感悟. 中语名师课堂教学集锦. 6/陶继新主编. —福州：福建教育出版社，2019.8
ISBN 978-7-5334-8444-6

Ⅰ.①智… Ⅱ.①陶… Ⅲ.①中学语文课－课堂教学－教学研究 Ⅳ.①G633.302

中国版本图书馆 CIP 数据核字（2019）第 095019 号

Zhihui Jiaofa Ganwu

智慧·教法·感悟
——中语名师课堂教学集锦（6）
陶继新　主编

出版发行	福建教育出版社
	（福州市梦山路 27 号　邮编：350025　网址：www.fep.com.cn
	编辑部电话：0591－83726971　83727542
	发行部电话：0591－83721876　87115073　010－62027445）
出 版 人	江金辉
印　　刷	福建省地质印刷厂
	（福州市金山工业区　邮编：350011）
开　　本	710 毫米×1000 毫米　1/16
印　　张	13
字　　数	199 千字
插　　页	1
版　　次	2019 年 8 月第 1 版　2019 年 8 月第 1 次印刷
书　　号	ISBN 978-7-5334-8444-6
定　　价	30.00 元

如发现本书印装质量问题，请向本社出版科（电话：0591－83726019）调换。